U0057395

AQUARIUS

AQUARIUS

AQUARIUS

AQUARIUS

後青春 Restart

後青春，更超越青春。
從心理、健康、照護，到尊嚴的告別，
我們重新啟動一個美好的人生後半場。

許 自 己 一 個
尊嚴的安寧
張明志醫師

【推薦序】未知死，焉知生

◎畢柳鶯醫師

四十二年前我結束實習醫師訓練，為了不想面對病人的死亡，排除了內外婦兒四大科而選擇擔任復健科醫師。沒有想到隨著醫療科技的進步以及人口的老化，復健科有愈來愈多重度失能的病人身陷生不如死的慘境，比面對死亡還要讓人不忍。

從事婦產科的先生無法面對死亡，結果我的公公失智，插管臥床十二年，婆婆被綁在床邊十四年。公公離世時，婆婆已經八十八歲，步履蹣跚，垂垂老矣！據說在臺灣有三、四十萬這樣的人，躺在醫院、家裡或安養中心。老年時代來臨，這問題將更快速地惡化，必成社會沉重的負擔。

我的母親罹患小腦萎縮症，每日勤做運動、積極生活，八十三歲時已發病十九年，吞嚥困難、無法翻身。她不願插管臥床歹活，自主決定停止飲食，家人尊重她的選擇，親密陪伴三週、舉辦生前告別式，好好道謝、道愛、道別。母親表示很滿足，沒有遺憾地離了這一世的勞苦，去了一個更好的地方。

母親豁達圓滿的示範，促成我撰寫《斷食善終》一書，並發願成為促進善終文化的志工，付諸行動，幫忙插管臥床的病人漸進式減少餵食，拔管善終。目的是終止病人臥床的痛苦，也為了讓家人得到解脫，同時減少社會的負擔。

由於實務上的需要，我開始關注善終、死亡議題。因緣巧合，閱讀張明志醫師的《死亡癱瘓一切的知識——臨終前的靈性照護》，感受到很大的震撼。張醫師不只是一位仁心仁術的醫師，對西方哲學、基督教、佛教義理、老莊哲學也有深刻認識，以此為基礎，他對臨終病人的靈性治療有獨到的見解與豐富的經驗。這在臺灣是相當難得的。

在工業化的社會，連醫療也講求效率和業績，結果造就了一些醫師視醫療為商業行為。有朋友的父親因為癌末痛苦不堪，住進腫瘤科病房，期待能減輕痛苦，醫師卻告知要施予化療。病人和家屬都覺得沒有必要，醫師回答：「既然住院就要做化療，不做化療就出院。」腫瘤科醫師的專業訓練應該涵蓋末期病人的舒適（止痛）治療，不然也可以轉介病人到安寧病房接受臨終照護。這是只看到「疾病」，卻沒有看到「病人」的例子。

另外一位八十四歲的老者，有慢性病，長期在某大醫院追蹤治療，半年來日益衰弱，幾乎都躺在床上，愈吃愈少，醫師判定沒有積極有效的治療方式可用了。家屬也知道送到醫院對長輩只是徒增折磨，打算在家臨終。末期時，病人出現手亂揮、大叫、不知所云的狀態，打電話給該院居家照護單位尋求居家安寧照顧，得到的回覆是：因為病人身上並沒有三管，所以不能申請醫師居家診療。我的感受是工作人員拘泥於死的條文而不知變通，沒有站在人道的立場回應家屬的需求。還好，我以這本書中學習到的靈性治療原則，指導家屬，事情得到圓滿的結果。

醫師不只醫病，還要醫人；不只醫治病人，還要包括病人的家屬。因為病人並非單獨的存在，影響病人治療計畫和預後的還有家屬。不是只有病人因病受苦，病人的家屬也受到重大的影響和創傷。

張醫師專長於血液腫瘤和安寧緩和醫療，書中以各種癌症病人為例，示範「身心靈全方位」照顧的最高境界。醫師具備醫療專業知識，對病人肉身提供有效的治療，這是「身」的療癒，也是醫療的基本，多數醫師可以達到這目標。病人因為生病，尤其是攸關生死的重病，「心理」上會有很多壓力和障礙，家屬也是。這時候醫師唯有具備足夠人文素養，並耐心花時間與他們溝通，才能提供最好的心理指引與撫慰。所謂「醫人醫病要醫心」，心理不平安其實會讓身體的疾病更難控制，甚至是罹患生理疾病的主要原因。其實所有的醫師在治療過程都應該兼顧病人和家屬的心理狀態。這一點有愈來愈多的醫師注意到了。

至於「靈性」的照顧，也許在安寧緩和的領域，有比較多的醫療團隊有此能力兼顧。張醫師在這本書中有很深的著墨、廣泛的討論，是這領域的佼佼者，可以提供給各科醫護團隊很好的指引；經歷生死攸關疾病的病人及家屬（不限於癌症），也可以從書中得到很多的學習和啓發。張醫師舉了很多的實例，來說明人們因為恐懼死亡而產生的錯誤決策或者衝突，也舉了許多豁達面對死亡，安詳離世，生死兩相安的例子作為人們參考的典範。

我個人因為在幫忙病人居家斷食往生，家屬有很多的擔憂與疑慮，我很幸運地有張醫師這兩本書的資料作為指引，能幫忙安頓他們的心。譬如病人出現手在空中揮舞、對著空中不知所云的情況，我說明這是他們與靈界來接引的人在溝通，家屬就不會焦慮地想找醫師用藥了。

「靈魂永生」的觀念讓人可以站在制高點看待人生的全貌。此生是許多世當中的一世，當肉身毀壞不適用了，不必眷念；死亡是休息，是靈魂走向另一段旅程的開始。那麼何須帶著嚴重毀壞的軀體強留此世？理性地做決定，該放手的時候就放手，這是本書要傳達的人生智慧。了解死亡，可以讓我們活得更好。死亡是人生的重要階段，「善終」是往生者「善生」的一部分，親人得到「善終」，也可以讓活著的人無遺憾地繼續「善生」。

傳達仁先生遠赴瑞士安樂死，其用心良苦，是想引起臺灣社會重視安樂死議題。沒有想到引來安寧緩和醫療醫學會公開聲明反對安樂死，造成民眾以為醫界反對安樂死，很多人以為醫界是為了營業利益才有此舉動，我個人認為這裡面有很大的誤會，反對安樂死的原因應該是複雜、多面向的。我很驚喜張醫師在書中公開支持安樂死立法（尊嚴善終法），認為安樂死符合「尊重病人自主權」、「不傷害原則」、「行善原則」、「正義原則」等倫理法則，讀來鏗鏘有聲，讓我由衷地佩服。

本書從如何告知病人病情，到治療、安寧、臨終、招魂、人生哲學等各方面，有詳盡的深入探討，以基督教、佛教和東西方哲學為基礎，堪稱是醫護和民眾在死亡學領域的完全指導手冊，更是一本智慧之書。很榮幸能先睹為快，並鄭重推薦！

畢柳鶯

臺灣大學醫學系畢業，曾任臺中市立復健醫院院長、中山醫學大學醫學系教授，目前任職衛福部臺中醫院資深教學醫師。著有《斷食善終——送母遠行，學習面對死亡的生命課題》（麥田出版）。

【再版序】許自己一個尊嚴的安寧

本書出版以來得到不少社會的迴響，也成為院校、研究所生死學的參考書目之一，可以說明科技醫學昌明的時代也非常需要面對生死的議題。現代人生活步調愈來愈快，相對地愈來愈沒時間面對人際溝通。自我與身體的相應不多，健康關注度被妥協，以至於留下非常有限的時間來處理健康的負面消息。所以不論是身體檢查，或因不預期的輕微症狀，到急診掛號而初步被告知得到癌症或其他不治之症、預後不佳、缺乏理想治療方法，或治癒成功機率不高時，對病患及家人而言都是心理危機。

此時，如何告知負面消息，是從事血液腫瘤及其他相關臨床腫瘤醫師、護理及安寧照護單位必須學習的專門技巧。除了專業學識外，也須全盤了解整個病程可能會面臨的難題，所謂做到身、心、靈的全人關懷。

全世界都在談生死學，原因無他，在科學昌明的世紀，人類對死亡與不朽的古老議題，仍然缺乏認識與解決之道。人性關懷和醫學倫理，乃至於以病人為中心的醫療模式，已經是醫療機構所必須遵守的。醫療團隊聯合處理（Liaison）成為典範。從護理師、社工師、心理治療師，到精神科醫師、復健師，音樂治療、芳香治療、美術治療等加入貢獻，一同解決棘手的問題。畢竟每個病人的問題不盡相同。

根據國內護理人員的問卷調查，修習死亡教育課程，對瀕死病人的照顧有顯著幫助，他們對於死亡是自然也是必然的接受度最高，逃避面對死亡的負面態度得分最低。其次，九成以上醫護人員在照顧瀕死病人時情緒會受影響，且不知如何與家屬交談，甚至伴隨失眠與調適困難，顯現護理養成教育中，相關議題理解之不足。

無庸置疑，在病患臨終過程中，護理人員及家屬是最吃重的角色，也受到最大的衝擊。過去二十年來，我們國家在臨終關懷上用心推廣是有目共睹的，同時也被西方國家評比為亞洲名列前茅者，但是我們仍有許多需要落實之處。很欣慰的是我國在二〇一九年一月開始施行病人自主權利法ＳＤＭ（Share Decision Making），分享自主決定的立法，不僅具法律效力，也幫助臨床照護的醫護人員，被賦予全力執行更多安寧緩和的各種配套方案之權利。例如不積極使用維生系統，放棄急救ＣＰＲ，放棄其他檢查與支持療法，對嗎啡、鴉片類的止痛藥使用更加人性化等。

吾人對死亡本質的了解，超越死亡的醫學、心理、社會及法律的層面，仍須探索哲學、倫理與宗教對死亡的觀點。如此才能在人生價值的面向上協助、澄清、肯定生命的終極目標，反向思考其存在的意義。在此，宗教與人生哲學可以提供最大的幫助。

在臨終修習部分，悟證心性是上策，然而因為多數人平時尚未接觸人生哲學及宗教，所以民間仍以上師相應法，蓮友、教友的助念加持與關懷為多。這方面本人於二〇二〇年出版了《隨時放得下的功課》，補強了悟證心性的上策。兩者結合起來，從思想與行為做起，知行合一，就比較容易面對生命的終點。走出困境而不僅是走過死蔭之谷，是勇敢果決地面對生死，作為醫者，我在此可以提供、分享人性的生命關懷經驗。

聯合報系寶瓶文化出版社總編輯朱亞君女士，無意中在廣播節目裡聽到我對臨終關懷的看法、分享如何隨時放下執著，敲動了她的心弦，於二〇二一年出版《死亡癱瘓一切的知識》。當癌症來敲門，我們應該如何應對？如何盡人事，許自己一個尊嚴的安寧？但謀事在人、成事在天，又該如何聽天命，面對初診斷為癌症時的不安與徬徨？若有幸治癒與緩解，難道不擔心會復發，或是存活者的心理調適、社會職場適應？首度復發時的二度信心打擊，或演變為頑固難治型癌症？治療方案有限，療效不理想，保險不給付

時又如何？

我們努力的方向不應該侷限於有限的醫學、科技，同時也要及時耕耘心靈，尊重生命的可貴，不能忽略生涯規劃，以及靈性的順服與皈依。耕耘心田，主動積極學習面對生命中最大的衝擊。不可以逃避或消極不作為，因為那樣做不僅會影響家屬有不一致的意見，也會讓醫療團隊無所適從。善終好走就是尊嚴，其實也是人生規劃中最後亦最為重要的一門功課。

本書初版時，正面臨二〇〇三年ＳＡＲＳ（嚴重急性呼吸道症候群），如今將要再版時，二〇二〇年爆發了更嚴重、更快速流行、更快變異的病毒亞型，傳播更快，死亡人數更多，席捲全世界造成嚴重疫情的Covid-19新冠肺炎。有許多親人、朋友在短時間內與世長辭，甚至被隔離而無法見最後一面。他們連簡單的告別式都未能及時舉辦，甚至屍體被集中埋葬，或成無名塚，情何以堪？將來全球暖化，地球永凍層可能逐漸溶解，古老與新興的疾病又會如何變種，造成人類的浩劫？智者應該未雨綢繆。

臺灣新冠肺炎疫情再起，在恐慌的情緒中，我們都感受到感染死亡的威脅。我們都祈求平安度過這個世紀的大瘟疫，但也見證了世界各國見不到家人的痛苦。我們要有四道人生的體悟，不要留下永久的遺憾。新冠肺炎在臺灣的疫情與全世界無異，這也許是靈性慈悲關懷的愛心可以幫忙的地方，讓醫護人員及家屬適時放手，才是眾愛的表現。

期待這本書可以啓發醫護人員，提升對末期病患的靈性關懷，讓醫病關係產生靈性的共鳴。不但讓生死兩相安，也讓醫護人員的辛勞畫下完美的句點。

臣服——許自己一個尊嚴的安寧

我又過來跟祢談心，我迷戀的娑婆世界Saṃsāra
是那麼貼近，又如此遙遠。
多世的輪迴，總是擺脫不了的魔力，
像山谷中繚繞的雲朵與回音，
似蜂鳥在花心上的獻吻，綿綿密密。
不是奇緣，似曾相識，直往心中共鳴，
如夢似幻，卻揮之不去，

不禁懷疑大腦中裝了多少潛意識。
我何時清楚認識自己，
如何刻意忘了被刪除的記憶，
又回填了索然無味的生活。

該離開之時，我還能留戀什麼？
生命的激情加速了腳步，
總想看看生命的下一章？
著魔似的圖騰圈住所有的溫情。
你害怕麼，沒有過去、現在，那未來呢？
擔心在永恆裡會失去一切的所有，完美，
剪貼於腦海雲端的屬於我的記憶。

快樂在泛黃的照片裡復活，
是的，心靈常常需要復活、更新，
哪怕是瞬間的回眸，
呢喃的問候，

心心相印的溫存，
我們曾經存在的鴻爪痕跡。

相互擁有的剎那，消逝無蹤，
青春遠去，孤老疾病還在，
陪伴左右是淒涼的獨居，
教人如何安息。

傾聽是看護的慈悲，
生活不容易，生命充滿了挑戰。

冰冷的磁振照影，
掃不出靈魂的毛病，
看不到我將要升天的時刻。
科學只是人類所能模仿的把戲，
借來用用就好，
刻板的治療指南沒有藝術的創意，只有冰冷的延長時間。

人類惡乎活在制式的流程，
那是豢養的動物，不比野放的生物自由。

春秋時令，天生烝民，有物有則，
有誰能知大限之時？
大德高仕，有為者亦若是，
想跟誰分享好呢？

天使微笑上前，
過來收割一束束的靈魂，
就像收割稻子一樣，
有一天又復活重生，
如同麥子掉在地上。

牽縈的靈，俱生的靈，你的心還在嗎？
鎖在閣樓上的意識，

卻移動不了軀體。
人生已鎖住，世界變得遙遠，
發不出聲，出不了話。

我在吶喊卻沒人聽見，
分隔的世界像平行的空間。
我看到冷漠的醫生，哀傷的親人
捨不得聲聲嘶竭的呼救著。

俯瞰閉住眼睛的軀體，
它帶著我走遍大江南北，
幫我親吻過心愛的人。
實現夢想，成就志業，
回放歲月，我才真正認識自己。

累了吧，睡吧，長眠吧！
看著它，深深歲月的風霜皺紋，

憐惜，有多少委屈、不平，向誰投訴？
羔羊豈不如此犧牲奉獻麼。
謙卑順服的人，是神尋找的羊群，
靜默的陪伴，
安息在神的臂膀裡是有福的。

黑洞掛在遙遠的天際上，
大黑洞又有不少小黑洞們，
未知的宇宙引領了許多好奇的人們。
何時輪到地球或事不關己，
是毀滅還是臨幸，
眾人熙熙紛紛，
比追求真理的人還多。

黑洞吞噬無數星球，
它不能解決我背後的能量，
質能不變，的確如此，

小小生物，即便是，
那極微的能量，
也不被黑暗的物質能量所毀滅。
同樣宇宙現象，亙古已有，不曾改變，
黑洞面積守恆，神所創造的都守恆。

不生不滅，陰陽平衡；
有此有彼，有正有負，
有物質有反物質，
有我生，我必毀滅。
生命來去也有一定的法則，
蜉蝣一天的生命，日出夜滅，
春天生，冬天亡，冬天是蟲夏天草，
早上開花夜晚謝。

相對的，有什麼意義，
美好的只有剎那的瞬間。

長久的美好，你會珍惜嗎？
或是習慣的理所當然，
Saṃsāra祢的豔蓉，美如夢幻，
那是我的留戀。

人間也有天堂，
蟲鳴鳥叫，天籟、地籟、人籟。
習慣是個枷鎖，
陶醉在春天的微風，
只因它是安全的避難所，為何不留下來，永遠作客。
斷奶是痛苦的，何不長久依戀母親，或像寵物一樣。
Saṃsāra告訴我，這些都是暫時的，
不可能停留住時間，也不屬於永恆。
犍闥婆城的飄香，
那是不存在的客棧。
眾人到此，無法出離，

假面人生終於走遠了，
不再相應是否存在，
因為不臣服虛擬實境。

放穩腳步，不要慌張失措，
孤獨是屬於不做功課的人。
由意念而生的軀殼，
來自於祂，也必回歸祂，
有信念的人必不寂寞，
將要被高高舉起，
跨越能見的藩籬，
高山、大海也只是個表象。

許自己一個尊嚴的安寧吧！
謙卑、順服的人有福了，他必要被稱頌。
祝福、榮耀、權柄已經降臨；
沒有痛苦，至樂無樂，無憂無虞的淨土。

恬靜是永恆的平和，
無須變革，只要順服，
只要追隨永恆的光在眼前展現之道路。

目錄

目錄

第一章

醫·病·雙·贏

重建互信互諒的倫理思維

醫病雙贏——
重建互信互諒的倫理思維

醫療行為隨著重視人性自主權、醫療保險化與全民化，而發生重大改變。從二十世紀傳統「以醫師為中心」的醫病關係與倫理思維，轉變到二十一世紀「以病人為中心」的倫理思維。

由於資訊科技的爆炸，人們已經在思考如何獲得最好的醫療保險，而醫師的專業也必須在醫療大環境下接受考驗。然而，醫病關係畢竟不是商品買賣，而是一門溝通的藝術，需要醫護人員與病人一同努力，建立互信互諒的醫病關係，讓人生重要的生死大事有全盤的規劃。

以醫師為中心的思維不復存在

在農業時代的古早日子，人們就了解醫師的醫術決定是生或是死，因此非常尊敬醫師，即使重病不治，仍舊感謝醫師的努力。因為當時醫師很少，醫療器材與藥品也不像現在這麼先進，平均壽命只有四十五歲，只要得到肺結核、傷寒、胃出血或產後大出血，都可能死亡。

醫病之間的互信基礎也很高，遇到困難又危險的病症，醫師會跋山涉水到偏遠地區救人。是故中國人稱呼醫師為「醫生」——可以起死回生，是位回春聖手。而臺灣人也沿襲日本人習慣尊稱醫師為「先生」，目前臺灣老一輩的人，仍舊會稱醫師為「老師」。

在如此高的互信基礎上，當時的醫療行為就是以醫師為中心的倫理思維，醫師說的就算，一切相信醫師，將生命交託醫師。而醫師也是以病人的最大權益來救治病人，因此傳出許多佳話。

屏東萬丹有一位張醫師，他們家是望族，醫術非常高明，每天從高屏各地慕名而來排隊看診的人非常多。有些小病的病人排在很後面，情急之下就打張醫師家水井的水，帶回家煮來喝，聽說像肚子疼的小病就這麼好起來了，可見當地人多麼相信他的醫術。

當時的醫療帶有很高的慈善事業色彩，雖說看診拿藥的費用是醫師娘訂定的，但是有很多人手頭不方便，或家裡付不出錢，多半可以讓他們賒帳；甚至醫師看到病患營養不良，還會送白米給家屬，叮嚀他們要照顧好身體。有些醫師在日據時代或臺灣光復初年被人民推選出來當縣太爺，良相良醫向來成為人民之仰望。

然而隨著工業化時代的洗禮，到現在數位化的人工智慧時代，許多專業被電腦、儀器取代。人們先抽血，再看儀器分析的資訊與數字怎麼說，其次才看醫師怎麼辨，不一定先期待醫師如何診斷。

歐美的醫師比較偏向做許多檢查，處方比較少的藥；然而東方的人民，比較喜歡檢查不用太多，先進的藥卻要多給一些比較好，醫病市場之生態也因而調整，最後變成財團法人進駐，並受醫療保險的左右，轉型為「以病人為中心，以績效為原則」的思維。

醫師的角色原本就擔負多重的社會責任，舉凡疾病之診治，心理的輔導、溝通，保健之諮詢，臨終關懷及靈性之導引（Spiritual Practice）。其中包含了正義、同理心啟蒙而覺悟。若缺乏豐富的人生經驗及學識技術，很難建立良好的醫病關係。

生命關懷是一門藝術，而非商品買賣行為

傳統的醫療走過令人尊敬、濟世救人的黃金歲月，然而在不同的水平與期待下，難免讓病人覺得醫師很忙、愛心不足、專業不足、缺乏包容及本位主義。其實，很多默默耕耘、濟世救人的醫師仍維持著很高的社會地位，因為他們的典範懿行受人景仰。

生命關懷本來就是藝術，就連談話、診斷、解釋、治療等各種與病患家屬溝通的肢體語言，也都是藝術。有些人以為醫療行為可以用保險涵蓋，可以視同商品或買賣行為，持這種看法的人尚不知醫師在救人的同時，所付出的專注、關懷與悲憫心，臨終關懷就是最好的例證。

新科技、新藥、仙丹標榜的抗老防癌不一而足，但FIFE（Feeling、Idea、Function、Expectation）提供了我們照顧病患的新思維，就是以病人為中心來衡量，涵蓋各種層面，包括——

・Feeling（感受）：牽涉各種不同的人格特質，必須關心病人無由的恐懼與焦慮。

・Idea（認知）：因各人的學識，形成不同的認知水平。

・Function（功能）：心理調適的經驗好壞，會影響病人情緒沮喪或肢體行為暴怒。

・Expectation（期待）：每個人都有夢，都會逃避面對殘酷的事實，往好的方面想，以不同的信仰、不同的宗教來得到心靈的庇護所。

高標準的生命關懷幾乎涵蓋了生物醫學、腫瘤心理學、社會學、心靈學、倫理學，以及宗教。醫師、護理師以至於整個醫療團隊，必須要接受ＩＱ（學識）、ＥＱ（情緒管理）、ＳＱ（道德情操）的訓練，才足以應付人多、事多、法條多、糾紛也不少的現代醫療行為（尤其現代人對生死問題的人生態度，多以不滿居多）。

設法找出一條臨終關懷的大路

全球物質化、賺錢享受化，無法體認痛苦。有些人以為，有法律的保障可以膨脹人本思想、自大，而缺乏雅量尊重專業。有的人則是相信科技，不認同宗教，臨終時缺乏方向感，心靈完全迷失，只要競爭，不用付出；只要生命與希望，不願談安寧療護（Hospice）。但這樣做，只會使有心關懷的人裹足不前。

我們不應該逃避，更不能迷失，必須誠心面對生命無常的挑戰，這才是我們活在人世間的意義。

依照心理學家伊莉莎白．庫伯勒-羅斯（Elisabeth Kübler-Ross）女士的觀察——大部分得知自己罹患癌症的病人都有五種心理調適過程，那就是大家熟悉的：否認、憤怒、討價還價、沮喪與接受。**醫護人員在面對這五種不同階段病人的心路反應時，必須具備敏銳的觀察力與憐憫的同情心，否則容易產生溝通不良的種種情緒反應，以至於無法建立互信互諒的醫病關係。**

病人與家屬有不同的社會經濟與教育背景，而醫護人員也有照顧經濟上的差別。雖說二十一世紀的醫療是以病人為中心的倫理思維，但也應該有別於一般市場商品的買賣，讓病人學習尊重專業及配合醫療執行的義務。

在要求高水平的醫療倫理道德的同時，病患及家屬也同樣需要在義務道德上充分配合，如此才是雙贏的結局。以道德規勸、協調，總優於以法制約束，否則，若採「多做多錯、不做不錯」的退縮心態，將壓縮醫療的互信空間，無法圓融地推廣醫療事工。

反過來思考，為何病患會產生不滿的情緒？主要是因為：疾病治療不順利、與預期結果差距很多、經濟負擔壓力、家屬不同的意見與批評、對社會不滿的人格特質、家屬轉嫁不愉快經驗的心理機轉，以及社會價值觀的扭曲。

沒有生病的人走進醫院尚且有對醫療制度、保險制度的不滿，更何況生病住院的病人。尤其生重病又在垂死邊緣的人，會有更多的心理機轉，這點必須熟記在心。

面對生命終站的病患及家屬，也有不同的心理機轉，如沮喪、期待、反覆不定、無可奈何。在我的行醫經驗中，能坦然接受死亡的人雖見得到，卻很少，大部分的病人仍在臨終前期待奇蹟發生，對病情做很多自我合理化的解釋，尤其是慢性死亡的過程。所以，我們有必要觀照生命的過程，從臨終開始，以心理學、宗教及倫理的角度來廣泛探討死亡學，並設法找出一條大路，供更多人共同參與臨終關懷。

在醫學科技的發展下，許多全身性的疾病得以控制，社會結構漸趨老化，癌症及慢性死亡的病例必然增加。目前肺癌、乳癌及大腸、直腸癌可以藉由多科技（Multidisciplinary）整合的方式延長病人的生命，雖有些終究治不好，但病人臨終前的生活品質可以獲得改善，例如讓生活無痛無障礙。

所以，心靈的抒解、宗教的信仰，以及安寧教育的落實，是刻不容緩的課題。應從結合臨床照顧病患的經驗，到結合倫理學、哲學、宗教來關照生命，讓人生最重要的生死大事有全盤的規劃。

醫病互信才能雙贏

同時，醫師必須與護理團隊、藥界、社工師、同儕、醫療資訊及醫療政策有良好的合作觀念；也應拒絕撒但的誘惑，諸如：額外的金錢酬庸，不當的醫療行政單位之績效（如不必要的手術、檢查及用藥），過度專業引導的貢高我慢心態，甚至自認為是神，神格化的驕傲，以及名利至上的人生態度。

然而，在功利主義當道的二十一世紀，醫師也很難拒絕這些誘惑。在諸多法律的約束下，如何平衡以病人為中心的倫理思維，同時醫師也能充分發揮以醫師為中心的專業團隊，課題嚴峻。

另外，當我們面臨重大考驗，應如何調適、轉換心情，可能比重申自己的權益來得

重要。多一點感恩與惜福。勿與時間競賽，則不會有年華老去的感嘆；勿與空間計較，方能隨遇而安。

人們覺得孤獨，源自於人與自我的疏離，而非他人或外界的冷漠。相對地，親密感的建立在於廣結善緣與族群的融合，這樣宇宙與我同體，就自有一份安全感。

身為病人及家屬，是否也應常常懷著尊重專業的雅量，挑起自己應盡的相對義務？例如：配合醫師、護理師與醫檢師叮囑的作息時間，按時服藥，飲食禁忌，不做情緒上的詆毀及人身攻擊，不在病房喧譁，不刻意隱瞞病情（如：愛滋病），不背著醫師偷服偏方等。

我認為，醫病關係只有建立在互信基礎上，醫病才有雙贏的機會。

第二章

當·疾·病·來·敲·門

面對重大疾病的心理準備

當疾病來敲門——
面對重大疾病的心理準備

疾病是對人性的考驗，學習與疾病相處，才不至於庸人自擾。

現代人很忙，沒有太多的時間用來思考，或靜下心來整理情緒，抑或生病了卻耽擱一段時日才就醫。臨床上我遇到很多重大病症的患者，他們的反應不一。

有些人希望醫師不要隱瞞病情，覺得自己一定有能力承擔一切困難，就怕醫師隱瞞，而無法做出最正確的危機處理，所以他們常常一個人就醫。而當回來看初步報告時，就表明願意自己先聽結果，再看看醫師會如何處置。

其實，很多人並不了解自己的危機處理能力如何，只是很直覺地認為自己既然有能力在社會立足，就有信心可以單獨跟醫師談病情。

不願面對現實的女老師

有一位四十歲的高中女老師到內科門診，因為她身上有多處紫斑，又沒有明顯的外傷，同時也發現自己變得很容易累。我幫她做初步的血液檢查，她很急切地表示希望能早點知道病情，因為她曾經看過牙科，牙醫也懷疑她的凝血狀況不良，建議最好到大醫院看看血液科。我安撫了她的情緒，並囑咐她隔天到醫院看報告。當天下午，醫檢師就知會我，她的血液抹片有血癌細胞的出現。

第二天她還是一個人到門診來，並很期盼能馬上知道前一天的檢查結果。我告訴她，血液細胞檢查已經看過了，的確有問題，但是希望她先生一起到醫院來聽醫師的病情解釋。她說直言無妨，她是老師，見過世面的。

我告訴她：造血器官出了問題，需住院做骨髓檢查，俟一切都確定了之後再做詳細的解釋。她下意識知道事態嚴重，更是焦慮地想知道答案，懇求我把實情告訴她，以免被蒙在鼓裡。她在家中向來處主導性的角色，所以絕對不能不事先充分準備。

我拗不過她，於是告知骨髓造血不良，並有血癌細胞出現，所幸數量不多，應屬於早期，需要住院做更進一步的細胞檢查、染色體檢查，以及各種預後因子的分析。

她一面聽，一面就哭了，心情開始變得很脆弱。護理師在一旁安慰她，並打電話通知她先生到醫院來。女老師的情緒轉為不甘心，她覺得她是很認真教學的老師，又有同事們都欣羨的好老公，為何正準備向事業的高峰衝刺時，老天卻開了大玩笑。我要她安靜下來，好好整理情緒，面對現實，辦理住院手續，何況現在只是初步臆斷而已。

病人的先生不久之後就到了門診，很焦慮地問我是不是血癌。我告訴他：「目前只是臆斷為骨髓造血不良，並未有血癌的確切實證，仍需要做骨髓檢查才能確定。」然而這並不能讓他安心，當天門診他前後進出三次，辦理住院手續後，又追問一次預後如何。我苦笑回答：「她只看了一次門診，怎麼能判定這麼嚴肅的問題？」況且他經常進出診間也會打斷我對其他病患的看診。

其實事後回想，他們彼此有不良的情緒互動，一個是青天霹靂，另一個是求好心切，都是完全不能接受之完美主義心態；再者是不甘心，認為「怎麼災難會落在我頭上」。

當天女老師住進病房後，我還去看她，解釋骨髓檢查及染色體檢查的必要性與安全性，希望她能寬下心來配合。隨著護理師的引導，她的心情漸平靜，不再多問其他的細節，只是詢問大概要住院多久。我告訴她，必須等到骨髓檢查判讀完後才知道，她不妨先向學校請一個星期的假。

結果第二天星期六她不假而別，先生隨後到醫院辦理自動出院，也沒說明什麼理由。

突然被宣告可能罹患絕症，怎麼辦？

前面的案例，最常見的情況是，病人到第二家醫學中心或熟人朋友介紹的醫院，或是採完全逃避的態度，吃中藥去了。少數人則是隱瞞病情，到保險公司辦理保險，幾年前有些保險業的業務員是會這樣勸病人的，拖兩個月後再看醫師。當然這是不對的，不誠實又危害健康。

現在的人到底相信什麼？他們大概只相信自己，不信專業，禮義廉恥、倫理道德也不重要，一切都靠自己想，認為只要有錢、有保險就能辦事了。

突然被宣布有可能是罹患了絕症，該怎麼辦？先找關係嗎？先上網查看嗎？貨比三家嗎？還是找一位保證會好的醫師，而且診斷看起來或聽起來是良性的，因為比較中聽？腸胃科的應該也懂血癌吧？朋友介紹的可能還可以信賴吧？……

但，是這樣嗎？即使是醫學中心的醫師，有些人也不輕易相信。

許多病人或家屬一旦面臨重大疾病時，他們危機處理的反應相當不一致，尤其某些人格特質會逃避現實，常常會有合理化的機轉，也常常透露出心理極大的不安。也有人或許一生都很平順，沒有很多危機處理的經驗，被自己現有成就中的假象所蒙蔽，以為可以自行處理，而不自覺地落入不理性的泥淖中。

其實這位女老師在初診的主訴中已表明，牙醫師懷疑有嚴重的血液凝固的毛病，也有可能是血癌。她在第一次門診中就講過了，正因如此心中已埋下陰影，所以在抽血報告出爐時，她一直要馬上知道詳情，然而卻在聽到真的有可能是血癌的時候，崩潰了！因為這正是她最擔心的最壞結果。

但是也有一些人完全沒感覺，告訴他是急性骨髓性血癌，他仍然沒有特殊的表情，甚至白血球高達十五萬，又發生頭痛，腦脊髓液中有血癌細胞的侵犯，他仍然我行我素，似乎沒什麼大不了的。等疾病得到控制，周邊血液看不到血癌細胞，我們稱為

「臨床上的緩解後」，他才開始關心應該治療多久；當我們為他解釋最好做骨髓或幹細胞移植，他才猛然意會到他的病是那麼地嚴重，五年的存活率只有三至五成而已，似乎以前的化學治療、輸血、打很多抗生素、白血球生長因子都不算嚴重，如同初生之犢不畏虎一樣。

對於一些既焦慮又緊張的病人，我會告訴他們，要把自己當作剛入伍的新兵，只要跟著老兵或士官長就對了。六神無主只會增加傷亡或困擾，點子太多對新兵而言並非聰明，小聰明只會誤事。

迷信偏方的肺癌老先生

同樣的道理，有些人雖然有社會歷練，但知道愈多，障礙愈多。他們從未把格局放得更大，只注意到自己的病痛，反而把不治之症弄得愈來愈糟，一方面逃避，一方面自欺欺人，永遠把問題留在那兒，隨著時間而日益惡化。他們通常不計畫未來，因為他們也未認真思考當下該怎麼做。每天隨興服用一些偏方，過一天算一天，也不知道哪一天他們終將撐不下去。

林老先生七十三歲了，半年前被診斷為肺癌後就開始服用草藥，僅僅三個月他就變得沙啞，幾乎喪失聲音。他出現在我門診時，眼窩下陷，需要別人攙扶著走進診間。呼吸急促，消瘦的臉加上額頭的皺紋及灰白的頭髮，看起來已經符合安寧病房的條件。

本來他們家的想法就是過一天算一天，但是後來病情一天天惡化，他也愈來愈衰弱，不僅吃得少，稍微動一下就喘個不停，心悸也很厲害，心跳往往每分鐘超過一百二十下，家人當然也知道吃中藥是已經沒用了，卻也不會主動回醫院就診。或許他們仍舊很害怕面對醫師嚴厲的表情與批判，醫師最常說的話就是：「怎麼這麼嚴重了才來看？」「吃中藥不是很有效嗎？為什麼不繼續吃了？……」其實不是所有的醫師都如此，也有一些醫師知道沒有特別有效的治療，或沒有有意義的療效差別時，是不會特別去反對另類治療的。

與林老先生住同棟大樓的翁老先生是一位功成名就的實業家，也得到肺癌，三年前開始做化學治療，效果很好，腫瘤連同肋膜積水全都消了，甚至七十八歲了仍然可以回到高爾夫球場打九個洞。林老先生的小媳婦與翁太太很熟，在一個不經意的場合，翁太太知道林老先生的病情惡化，所以很熱心地介紹到我的門診，並告訴他非做化學治療不可，看看她老公，目前不是很好嗎？應該要試一下正統西醫的治療。

太太與媳婦用輪椅將他推到診間，林老先生也沒要求什麼，只是手腫、腳腫、呼吸困難、胸痛、濃痰，幾乎吃不下，都靠雞精在撐體力。他的體能指標是第三級，理論上不適合做綜合性化學治療。他用很沙啞的聲音，用了很多胸廓的肌肉來說話，胸部的起伏很吃力，肩膀也隨著晃動。

他問我有沒有辦法幫他，他幾乎無法入眠。我見到他的左眼壞了，浮腫的脖子向上擠壓到深陷的右眼，看得到青筋暴脹的頸靜脈，那是典型的上腔靜脈症候群。掛在牆上的是他的胸部X光，一個十一公分拳頭大的腫瘤在左肺上部壓迫了氣管與血管，下邊還有不少的肋膜積水。心想這是養了半年沒移除的腫瘤，當然會造成這麼多的症狀。

我勸他住院治療，化學治療與放射治療都可以減輕他的痛苦。他誠懇地問我會不會好，假若不會好他不想住院。我轉頭去望望家屬，看看他們的意思。林太太知道我的意思，連忙接下去說：「樓上的翁先生也是張大夫治的，目前不是很好嗎？你看人家怎麼配合的。老伴哪！你行行好，答應住院好嗎？」

看來林老先生很保守，很害怕接受挑戰，也很逃避，你可以感受到他對死亡的恐懼，不敢談也無法面對。

他指著他的左手——那一隻浮腫的手——「這樣可以打針嗎？」我要他別擔心，要相信專業醫師，自己別胡思亂想。這時他露出了像是擠出來的笑容。

病人的討價還價、逃避與疏離

其實，這正是羅斯女士在「走向死亡」理論中的「討價還價」心理機轉：**做化療會好嗎？會好我才做；要保證沒有太多副作用，否則我隨時可以停止；你們不能騙我、設計我，我的日子是我在決定的……**

看來討價還價的背後心理，就是不相信別人，既提不起又放不下，臉上總是那個假面：「我仍然有能力，我的生死自己可以決定。」或許他這樣想，才可以勉強支撐他的自尊。

他是在地的臺北人，從事舶來品的生意，有許多店面租人，所有的契約都是他經手的，許多精品店的老闆都跟他很熟，是幾十年的生意夥伴。生病以後他自己的店關了，還有許多店面租人，但有多少間在租人、房租多少、抵押金多少，都只有他才知道。生病以後他沒有交代，也沒有要交棒的意思。

家人沒有誰敢問他，要他交棒、交代家裡不算小的產業，似乎是在「看衰」，像是死亡的詛咒。兒子想問他，也被母親擋了下來。她認為還不是時候，她的人生哲學是以老公為第一，順著老的就是了。兒子們雖有意見，也不便表明，所以也沒到醫院來與醫師溝通。老的還在掌權，是小的不爭氣嗎？那麼家族擁有更多財產的又如何呢？

後來，終於說服林老先生，安裝了一個Port-A導管（A portal and a catheter，俗稱人工血管），準備打化學治療。但或許事先沒溝通好，或許是外科醫師的習慣，也可能是外科醫師認為沒有差別，人工血管剛好裝在左鎖骨下，也就是那顆腫瘤的位置。所以一開始打化學注射時，護理師發現沒有回血，以為導管沒裝好，經過一番解釋之後才將化療藥物打上。

我們為他安排的是Gemzar（健擇注射劑）加Cisplatin（順鉑，順一雙氨雙氯鉑）的組合性化療。當然，化療前的準備措施做得很完備，盡量讓病人舒服。

幾天後，林老先生看著他的左手說：「怎麼還是那麼腫？好像沒什麼改善。」他看來相當著急，而且咳嗽似乎變得嚴重，老是有一些濃稠的痰，吐不乾淨似的。我告訴他腫瘤或反應會慢慢消褪，吐出來的就是壞死的組織，當然需要慢慢清掉。每天他都量體重，心想腫瘤變小之後，水腫會消失，體重會減輕才是。他總是有一套他的邏輯，當然這也沒什麼不好，讓他有事做，或許可以分散他一些焦慮。

每週打一次Gemzar，因為副作用輕，所以也沒有吊點滴。Cisplatin是每四週打一次，會安排住院打。當然，大量點滴、利尿劑、5-HT3拮抗劑之止吐劑，以及類固醇注射，都是化療注射的事前處置。每次住院他都很舒服，他到這個時候才知道原來化療不可怕，而且症狀也改善很多，每次要住院，他變得精神很好，也不排拒，當然我不能說他很期待。

兩個月之後他的腫瘤消褪了不少，差不多一半上腔靜脈的壓迫改善了，肋膜積水也不見了；聲音仍有點沙啞，但聽起來比較清楚也悅耳多了。但是他的精神仍很微弱，常常要求打點滴或住院。從排斥住院，到現在反過頭來希望最好能長期住院療養，病人的態度怎麼會轉變這麼多？雖然他看起來仍然很憂鬱。

原來他的肺癌早已轉移到腎上腺了，腹部電腦斷層掃描也很清楚地顯示體內的腎上腺腫大，而且腎上腺素分泌不足，所以只有住院打Cortisone化療的時候，因止吐需要給的類固醇可以緩解他的症狀，難怪他會要求住院打針。後來我們調升類固醇

Cortisone Acetate（乙酸可體松，世界上最早合成的腎上腺皮質荷爾蒙製劑）之後，他精神變得好多了，比較有朝氣，看起來「春風」多了。

然而他還是很害怕，擔心他的病不會好，只是不像以前那個樣子，三天兩頭就臨時掛個號，抱怨他睡不著、常常心悸、注意力不集中、全身痠痛、食欲也不好。每次定期到醫院做化學治療仍然需要常常安慰他，肯定他的努力與勇氣。

因為呼吸變得順暢，可以上下樓梯、走比較遠的路，胸悶與胸痛甚至咳嗽都改善了很多。醫學上我們稱之為生活品質（Quality of Life）提升，就連身體功能量表，柯氏量表（Karnofsky Scale）也由四十分上升為六十至七十分，等於ECOG量表[1]由第三級改善為第一至二級。但是他仍然很焦慮、無助，因為他的聲音沙啞好了一半後就停

1 為美國癌症東區組織訂定的體能量表，依活動能力分為零到五級。正常人為零級。第一級者可以隨處走來走去，可以做辦公室及輕度家庭工作，但無法從事需耗勞力的工作。第二級為可以隨處走動，可以照顧自己，但無法獨立工作，在清醒時有一半以上時間可以起床走動。第三級者，有一半以上清醒時間被侷限於床上，而且只能做一些簡單的自我照顧。第四級者，完全無法照顧自己，被侷限於床上或輪椅上。第五級者，死亡。

滯不前，未繼續改善。

林太太常表示為何鄰居翁先生恢復那麼快，都可以出國旅遊，她老伴的年紀還比他小個幾歲，卻是病懨懨的。我告訴她，一人一種命，對方一診斷為肺癌就馬上治療，時間上有優勢，她老公卻已經轉移到腎上腺，而且腫瘤早已壓迫氣管、食道。我順便提醒她，上次建議的放射治療考慮得如何？她表示她先生根本不跟她談，在家什麼都不說，只聽醫師的，說著說著眼眶就紅了。看來也不用追問，八成是不同意的，大概病人是藉疏離來逃避面對現實吧。

我想這個時候太太強勢一點，拉先生回到現實面而不要逃避，盡量傾訴[2]會好一點。我建議他們不妨找精神科，雖然我們腫瘤科醫師也會給病人開些抗憂鬱的藥。

當然，無論我們怎麼勸，他都不肯去，一句老話：「先生唷！你攏會治嘛，又何必要我跑來跑去？」我告訴他一齣戲愈多人演愈好看，不是嗎？他苦笑著，要我不要再拉著他跑，他已跑不動了。這種苦笑的背面是內心沉潛的沮喪，雖然病情已有明顯的改善，但近一年的身心折磨（包括吃中藥的半年），以前的鬥志大概都磨得差不多沒了。或許這時候順其自然比較好，我們腫瘤科醫師不會給病人太多的作業，從人生歷練的另一個角度而看，他已經累了。

其實不用告訴他，他早已了然於心，這個病是好不了的，只是不知道死亡何時會降臨。有時一些病人會問醫師，他們可以活到什麼時候，有時候他們不直接問，只是以一種哀怨、期待解脫的乞求眼神訴說：「大概不會好了……」

我慣常的動作是拍拍病人的肩膀：什麼事都有可能，虔誠一點，神會眷顧的；不要胡思亂想，活在當下就是了，過一天算一天，順其自然。這麼重大的事情，不是身為「人」的醫師可以決定的。

宗教信仰是沮喪期的良藥

林老先生為民間信仰者，不上教堂做禮拜，對佛經也很少涉獵。有時他噩夢多，干擾睡眠，我告訴家屬，有空的時候帶他出去走走，有個宗教信仰或心靈寄託，比較

2 Catharsis，心理學名詞，指向旁人吐露心中不愉快的經驗。

自在，才不會天天窩在家裡。每個人都把他當病人，他卻是自己孤立自己。但大概是沒什麼宗教的緣分吧，子女們也沒有人是虔誠的宗教信徒，所以這件事一直都無法進行。他常常服抗憂鬱以及安眠藥。

在重症進入瀕死邊緣的人，沮喪期最好的良藥，應該是有個宗教信仰的寄託，會比單獨面對臨終的人過得更好，也存活得比較久。

所有醫學臨床研究都指出，預後最好的指標就是體能狀態，有虔誠信仰的人睡眠狀況比較好，心情比較平靜，相對地他們可以蓄積比較多的能量與病魔對抗。

林老先生的病情已有相當程度的進展，雖然他仍然焦慮、恐懼，夜裡夢話也很多。似乎大家都習慣了，也接受了，他不說話、不多抱怨，家屬也算對這麼一段平靜的時刻可以滿意，醫師則繼續未完成的化學治療，心裡盤算如何在化療發揮最大的療效、疾病未繼續惡化的期間，勸說病人接受放射線治療。

突如其來的昏迷……

在醫師心裡，治療成功是一種成就，希望能把病人治好，若不能，至少要把病情控制在最佳狀況，並給病人最好的生活品質。然而，瑰麗寧靜的黃昏總是那麼短，醫師是人，人的服務只能做到這裡；只有對神的服侍，才可能進入到更上一層的靈性的生命——基督徒所謂的永生。

在一個夜裡，化學治療後的第三天（第五個療程），林老先生有明顯的嘔吐，很不幸地發生了吸入性肺炎（胃裡的胃酸與殘留物被吸入肺部），三更半夜被送到急診室。因為他一向很緊張、很焦慮，在急診時更是如此，他變得呼吸很快，心跳也很快。

醫護人員判定他有呼吸困窘，決定幫他做氣管插管，林老先生執意不肯，最後被裝上氣管內管後，他的心跳突然停止，於是被迫做人工心肺復甦術（ＣＰＲ），做了一、二十分鐘才恢復心跳，於是緊急推入ＩＣＵ[3]。到了ＩＣＵ又再度心跳停止，又再做了一次ＣＰＲ，他的媳婦打電話到我家，說她公公快不行了，請我幫幫忙到ＩＣＵ看

3 加護病房，Intensive Care Unit的縮寫。

一下。半夜裡我到了ＩＣＵ，家屬在病房外哭成一團……他已經變成重度昏迷，不僅沒知覺，手腳也不會動，更沒有自主性呼吸，只有靠呼吸器與升壓劑維生。

頭一個星期，家屬輪流排班在ＩＣＵ陪他，希望他趕緊醒過來。林老太太陪伴最多，也常常淚流滿面，希望他的老伴盡快甦醒，因為一切都發生得太快了，快得讓人無法接受這個事實。後來，他被轉到呼吸病房繼續觀察，家屬已不再全天候陪伴，只是按照一般探訪病人的方式，每天探視三次。

有時兒子們會幫林老先生做手腳關節與肌肉伸展復健動作[4]，維持肌肉的強度。最重要的是希望病人醒過來講話，因為許多房契、密碼、鑰匙都不知道放在哪裡，林老先生一直是掌管家庭的經濟大權，生病以來卻沒有交代。

林老太太也很自責與無奈。他們問我該怎麼辦，我告訴他們，林老先生是ＣＰＲ過後的大腦嚴重缺氧，應該會往植物人的方向走，醒過來的機會非常少了。

他們表示願意付一切代價讓病人醒過來，這當然是人之常情，每個人都會不捨。其實，在昏迷狀況的病人，他到底會不會痛苦？有選擇的權利或機會的話，他會選擇昏迷，死亡，或是重新恢復知覺？這完全看病人的病情與意願，假若病情介於兩者之間的話。

國內外有許多瀕死之間的故事，當事者重回人間其實也是痛苦的，有許多人想就這麼死去，認為到另一個世界比較好，然而他們也不能如願，冥冥之中安排了他們重返人間。這些重回生命的人有個特點，就是變得仁慈、謙卑多了，而且有很多人因此有了宗教信仰。有些人看見了類似神的光體，有些人相信了因果業報。

《莊子．外篇．至樂》中描述的故事，說明了死去的人與天地同體合一，離形去知，他們不會想重回人間的。我們也常將痛苦的人生稱為人間煉獄，當受苦的人可以結束苦難的時候，我們為何要讓他重回煉獄受苦呢？人間又稱為Saṃsāra[5]（我們所居住的娑婆世界），是生老病死與欲望糾結的世界，有享受也有苦難。瀕死者的家人也多半跌落在愛、恨、情、仇的困境中，對瀕死者的態度也常變來變去。

林老先生從此變成了植物人，因為昏迷的體能狀況，所以未完成的化療也不用打了，加以化療的反應也是部分性的，於醫學倫理的考慮下是不可以打化療的。那麼，

4 ROM，Range of Motion，為關節與肌肉伸展運動的範圍。

5 Saṃsāra為梵語，即人類生活的欲界、色界。與之相對的西方淨土為Shangrila（香格里拉）。

醫療團隊所能提供的應是最佳支持治療（Best Supportive Care）。

其實西方學者常將化療或放射治療反應不佳又體能不好的病人，只給予最佳支持治療。此時林老先生的存活時間大概介於三至六個月不等，端看有無敗血症的發生，而肺癌就會慢慢轉移擴散到多重器官衰竭。家屬的情緒在了解整個過程後也漸漸平復不安的心，來醫院的次數少了，也不急著要醫師解釋病情，因他們還要處理一堆遺產問題。

看透人生，才能自在安寧

面對重大疾病的心理準備，每個人、每個家庭都不同。這是人性的大考驗，每一種人性的優點、缺點，以及各種人生歷練的處世態度，都會在此刻放大。

有些儒雅、人生閱歷豐富的人往往很隨和，很尊重醫療團隊，與醫師配合得很好，默默地接受治療，討論病情也很客氣。有時他們有病痛也不吭聲，當護理師發現時又急又心疼，大家都想幫他。有些人卻財大氣粗，對醫師或許還好，對護理人員卻不甚尊重，甚至結惡緣。

平常處世斤斤計較的人，生大病的時候往往大呼小叫，常常挑毛病；知識豐富、教育水準高的人也不一定好相處。

有一位患者，護理師出身，後來改念學士後醫學系，畢業不久罹患胃癌，遊走於兩三間醫學中心治療，幾位腫瘤專家聚會時談到這位病患都頭痛不已。平時是完美主義的人，生了病更會鑽牛角尖。

有安全感的人能夠隨緣隨喜，看透人生才能自在寧靜，這種功夫在有德的人、善知識身上可以看見。

怎麼種，怎麼收，這是天經地義的。自欺欺人、庸人自擾，又何苦來哉？

第三章

傾・聽・與・同・理

告知病情的藝術

傾聽與同理——
告知病情的藝術

病人有無權利得知自己重病的事實？醫師應該如何告知，才能避免病人情緒受到影響？這些都是值得學習並且注意的。

醫病關係之間本來就存在醫師告知病人的義務：病情為何？診斷是什麼？如何檢查進一步確認？如何治療？預後如何？可能發生的副作用將有哪些？……而病人也有知道上述情形的權利。但是，病人可以放棄上述被告知的權利嗎？因為有些事實他們是不想知道的。有些病人的預後相當不樂觀，有時他們的生命已走到了盡頭，我們又應如何告知，讓他們知道死之將至，而不至於殘忍？

告知病情的藝術，根據不同的國情、不同的疾病嚴重度、不同的社會經濟背景，也應有所不同。

告知的必要性

醫療的風險本來就不小，從臨床上需簽許多同意書來看，就知道風險有多少，有很多不確定的因素。例如一位因咳血又合併頸部淋巴腺腫大的病人入院檢查，他將接到的同意書包括：支氣管鏡檢查、胸腔電腦斷層檢查、頸部淋巴腺切片檢查、化學治療同意書、骨髓移植、免疫腫瘤治療CAR-T細胞治療、特殊新實驗性抗癌單株抗體治療之同意書等。

簽這麼多同意書，意旨在告知病人，上述檢查及治療都有各種潛在性的危險，有許多不確定的因素可能造成身體之不適或器官之傷害，而醫療機構的提供者不能保證這些潛在的傷害不會發生，所以事先告知，等病人充分了解、同意之後，再委託醫療人

員施行。

在所有告知中，癌症的診斷以及病危通知的告知，是病患及家屬最不願意接受的。病重是事實，家屬到後來也能了解，但是如何告知當事者呢？很多家屬會要求醫師及護理站保密病情，不可讓病人知道惡化中的病情。雖然絕大多數的醫療人員會配合家屬的要求，畢竟直接告知病人，也可能造成病人想不開或尋短自殺。然而，這種安排卻會造成無法直接向病患解釋病情，甚至妨礙其他有幫助的治療，因為病人不覺得有那麼嚴重：「又不是癌症，為何需要做化學治療？」「為何需要住院治療那麼長的時間？」

我們必須體認病人有合理化作用，亦有投射作用。這些複雜的心理機，加上不確實執行告知之義務，當會使醫病關係變得緊張。所以西方學者一向不同意執行偽裝式的告知，誠如西諺所言：「誠實為上策。」（Honesty is the best policy.）**應以婉轉告知的藝術，讓病人從自發的理性來體認醫師想傳達的真正意思，因為病人不僅有權利也有義務，必須擔當起自己生命舞臺的起落。**

一般病情的告知

一般的告知，如病情解釋、特殊治療或術前同意書，有幾項原則是必須注意的：

一、病人應該知道為何需要進行這種治療，成效性有多少？
二、充分解釋可能潛在的合併症與付出之風險。
三、有無別種危險性比較低的替代方案？
四、現代醫療水平最常處理的方式為何（參考治療方案）？
五、若不處理，將可能遭致何種後果？

【委婉告知的技巧】

・首先，我們必須了解病人的心理層面，以及他們的個性；其次，必須取得家屬的諒解，讓雙方不至於造成誤會。
・間接的、比喻式的告知比直接的、毫無掩飾的來得好。
・多用點時間慢慢說，又比三兩下快快說好。

・平和柔順的聲音比冷淡的聲音好，應介於同情心與同理心間的節奏及語調，以稍慢板的方式道出生命的轉換過程。

・保留一點餘地，讓病人懷抱一線希望，比完全打破病人的希望來得好。世人沒有人能接受毫無希望的日子，只是有些人把希望寄託於天堂或來世。

另外，尚有許多應告知的要項，例如：醫師可以預期，而病人可以理解；醫師無法預期，且病人無法理解；醫師說明太過專業，以致病人無法理解；醫師太過坦白的說明，造成病人不必要的焦慮或恐慌。

告知，必須以病人所能了解的語言及他們所能領悟的方式來進行，盡量避免用醫學專有名詞，重點是：傾聽及運用同理心。

臨終關懷的告知——病危通知及簽署DNR

至於臨終關懷，我們應如何告知病人或家屬才好？

通常醫院裡常見到的是「病危通知」，使用於病情危急或轉入加護中心病房，生命跡象不穩定或病情每況愈下甚至急轉直下，以告知家屬為目的，通常不知會病人他的病況危急，而是通知家屬有個心理準備。家庭中是否應告知父母、兄弟姊妹，作為各種變化之因應，要看法定代理人有沒有特別要與主治醫師溝通、釐清病情。

其次，比較常見的是「簽署ＤＮＲ[1]」，就是在將來心跳停止與呼吸停止時，不施予人工復甦術，如：心臟電擊、插上氣管插管或裝上人工呼吸器，以繼續維持生命跡象。簽署ＤＮＲ在臨終關懷相當常見，且國內外已行之有年，也是基於人道的考量。ＤＮＲ並非安樂死，只是放棄對病人施行沒有積極意義的ＣＰＲ（人工心肺復甦術）。

要求簽病危通知是主治醫師或值班醫師決定的，當他們專業判斷認為病情已有重大變化，病人隨時有病故的可能，即可簽發病危通知。這是一種告知，並未具任何法律

1 Do Not Resuscitation，不給予心肺復甦急救。指的是癌症末期病人在病危時，自己或家屬簽字同意，一旦心臟停止跳動或停止呼吸時，不做心臟按摩、電擊等ＣＰＲ之標準急救程序，僅接受靜脈注射針劑等姑息療法。

上的權利義務，用意是通知家屬，他們的親人暫時發生病危的狀況，醫護人員仍然會積極搶救，病人在治療後仍有恢復健康的可能。

有些家屬不了解病危通知的意義，誤以為病人即將亡故，或是簽了病危通知就是要放棄治療，毫無希望一樣，有時候家屬竟會大發雷霆說：「目前病人尚能說話，為何要簽病危通知?!」

一位血癌的青年人因身上許多瘀血，發燒入院。家屬原以為是感冒發燒未退、拔牙出血而已，而且到院時並未有病危通知，反而住院做骨髓檢查後發現是前骨髓性白血病（Acute Promyelocytic Leukemia），合併嚴重血小板減少症。臨床上醫師判斷，病人除了血癌外，尚合併全身瀰漫性血管內凝血（DIC），有腦出血的可能。

家屬的看法是，他們看了三位開業醫師，都說是感冒加上貧血，住院後怎麼變化那麼快又那麼嚴重，幾天後就轉變為血癌？為何癌症那麼嚴重？他們的家人上個月看起來還好好的，也能上班，三天前還自行走到急診處的，現在住院三天後，居然醫師簽發病危通知，他們怎麼能接受？

當然他們也不懂醫學，無法諒解為何此時此刻會需要簽收病危通知，所以有些家屬會不諒解醫院的處置而拒絕簽收。其實拒不拒絕倒不是問題，因為這只是通知家屬病人的病況危急，希望家人有個心理準備而已。

「醫師說我快死了！」

二十年前的一個下午我到病房查房，一位近五十歲的男子，得到的是急性骨髓性血癌，第二次復發。當時病情危急，血小板低，血芽細胞太多又無法達成緩減，我想向家屬解釋病情，無奈他的妻子必須在外工作，平常很少看到她在白天來醫院照顧病人，小孩念高中無法到醫院裡來，幾乎是放任病人一個人住到普通病房，沒有親人照料。

我當時覺得該是通知家屬的時候了，因為病了兩年多，看來這一次病人逃不過了。平時他的妻子因忙於賺錢養家，非常少跟我接觸，也無其他親屬長輩來探視，所以我告訴病人，我有急事欲與家屬溝通聯絡。當時一九八〇年代，沒有什麼手機，連呼叫器也不多見，病人說不方便聯絡，他太太晚上下班，忙完家事後才會來看他，有什麼要緊的事直接告訴他就好了。

我當時沒有想到請社工師來安排，只想到簽發病危通知，由護理單位去聯絡家屬前

來簽字。拗不過病人的追問，我對他說，醫他的病都兩年多了，這一次的血癌細胞具抗藥性，似乎是壓不下來了，又擔心血小板過低，使牙齦出血及口腔黏膜出血；這次的病是不一樣了，希望快點找他的妻子過來，醫師有事要跟她商量。

他繼續追問，女人家不懂醫學，又還有什麼要事可商量？我告訴他，目前你還清醒，萬一改天變得不清醒、不省人事，你若有什麼事，要她如何交代親人？病人很焦慮地問我，是不是他的病不會好了？我告訴他，我看這次是真的嚴重了，當然我們還會再想辦法的。

他聽了之後默默不語，三天後，他因血癌細胞過多、中樞神經侵犯合併全身瀰漫性血管內凝血而腦出血昏迷，數天後逝世。這段期間從未見到他的妻子來找我詢問病情，當然護理站有請家屬前來簽收病危通知。

隔了一個月，突然接收醫務部主任的通知，說是有讀者投書某醫藥報社，談到本人治病毫無愛心、沒有醫德，直接將病情告訴病人，使得病人得知自己不久人世而哭得很凶，哭到眼睛出血、口鼻冒血又吐鮮血，死狀極慘，希望報社刊登、揭發醫院不當做法。

原來投書的人是血癌病患鄰床的老先生。他是一位肝癌病人，自己也是很痛苦，看到同病房的室友罹患血癌，在病房哭泣又無家人安慰，甚是淒涼。後來因全身瀰漫性血管內凝血症造成凝血因子不足而到處流血不止，室友誤以為是中國人所說的，哭到「七竅出血」，氣散而亡。肝癌的室友認為我們不應該讓病人知道，因為那位血癌的病人哭泣的時候，其他室友問他為何而哭，為何這樣傷心，他說：「醫師說我快要死了，無藥可醫了！」

其實我並未說這樣的話，只是言談間病人已感覺到他的病很嚴重，已無藥可救了，所以隔壁床的肝癌病人只看到病人傷心欲絕的模樣，根本沒聽到醫師與病人對話的內容。情緒上，肝癌的病人憤憤不平：為何醫師殘忍到直接告訴病人活不了的事實？而他本人也是肝癌患者，難道不久他的醫師也要告訴他活不久了嗎？自然而然地投射作用就發生了。

經過詳細的解釋，報社沒刊登，不過我們也應平心靜氣思索，在病人生命的末了應如何告知。畢竟每個家庭有不同的遭遇、環境背景，有些家庭的配偶關係、經濟問題、利害關係不是那麼單純的。當臨床醫師遇上這些不易處理的難題，可以請社工師前來處理，也有一個好處就是比較客觀，且不會碰觸到敏感的醫療問題。

有時候對付醫治不好的病，而病人又不能面對死亡的話，醫師很難得到合理的尊重。我們不禁要懷疑醫療似乎已淪為一種商品，或許二十一世紀的道德與倫理，已將醫療視為商品販售，就如同儒家尊師重道的美德，已被學生的權益與法律磨得不像是一種良心事業了。或許這個世代更需要一些聖人或鐵人：聖人慈悲，鐵人則永遠打不倒。

對於醫療業務提供者，我建議醫師、護理師們應該多花一些時間好好地寫病歷。遇上不易溝通的個案，應該確實記錄相關談話內容、時間以及見證者，以作為醫療糾紛時法律問題之依據。在混沌的社會裡，法律是共同的遊戲規則。

急救病人的同時，每位醫師也擔負了法律責任，尤其有些落後國家，醫師仍必須一面救人，一面承擔可能發生刑事責任的風險。在這些落後國家行醫不可不慎，就像到風俗習慣不同的異鄉，也不知何時會被找麻煩，難怪有些重病沒人敢救，連第一線醫療（Primary Care）也不敢做，直接請病人後送至醫學中心。

政府若不出面整頓，則不正常因果關係的亂源將造成兩造皆輸的結果。每個國家的醫病關係與法律，也可以視為一個文明國家的評量標準之一。

告知首重同理心與憐憫

對於始終很避談死亡的病人及家屬，最好的方法是告知足夠的間接訊息，以達到告知的義務。由家屬來提問題，醫師的解釋不宜太直接、太冗長；態度則要以同理心、平和的聲調，少問少答，以尊重但不失立場的方式來告知。別忘了尊重病人及家屬的決定，病家的理性會決定一切。

有時候病人在家屬面前詢問醫師，他是不是快要死了、是不是沒救了，我平常會回答他們，醫療本來就是幫助的立場，一切要看天命，就如同阿拉伯人常掛嘴邊的「Inshara」（阿拉的旨意）。

若病人以詼諧的語氣問我，我或許回以俏皮的答案：「誰先走還很難說，我都不知道自己的，怎麼會知道你的呢？想多了也沒有用，一切自有安排。某家醫院的主任醫師出國遊玩，飛機在空中失事，他的病人還在病房等著他呢！所以說，我們常出國開會的醫師會怎麼樣也不知道啊！」此時病人常常回神過來，安慰醫師：「你們是菩薩，神會保佑的。」

世事無常，無法完全令人順心滿意，這才是真實的人生。活在假象中的人，無法真

正看清人世，有時也不用說破的，畢竟我們只是人，還不確定是誰沒看清楚這這個世界呢！

在一次腫瘤心理討論會中，精神科的教授專家們建議的做法是——避而不談病人何時死，或能再活多久的問題，顧左右而言他。但身為腫瘤科的醫師，不見得同意這種逃避的做法，因為病人會不斷追問，有些理性的病人希望能及早安排後事。身為臨床醫師，我們必須敏感果斷，有經驗地處理各種不同社會文化與心理層次的病人，心平氣和，並帶點幽默與慈悲吧！

第四章

安·寧·之·路

我們能為臨終病患做些什麼?

安寧之路——我們能為臨終病患做些什麼？

安寧之路給住院的重病者帶來很多的壓力，諸如：對陌生者的懼怕、自憐、統整性的壓力、被分離的焦慮、失去身體功能變成廢人、害怕愛被剝奪、悔恨與愧疚感，或追尋另一個希望。這是一連串的變化，很多病人在這段期間會學習不斷地適應，當然心理支持者，如社工或家人、朋友，人數愈多則適應愈快。

有許多人覺得自己被孤立了，該看的親戚也來了，沒有來的親戚沒什麼話好說，乾脆也不來了。假若病人可以看到人生的前景，了解真理，知道永生或生死相續的哲理，或許他們漸漸會看得開。

相反地，假若未有安寧團隊加入，或者家屬不同意加入，那麼他們的焦慮不能得到紓解，癌症的疼痛得不到緩和，對未來完全看不到前景，他的焦慮將轉成更深的憂鬱。這種臨終之路才是真正的淒涼與孤獨，甚至有被世人遺棄的感覺。而這與社會文化的階層、風俗習慣、人文醫學的精緻化、人生哲學與宗教的普遍化有著密切的關係。從西藏的拉薩到美國的紐約，由大都會到農村，我們都可以看到不同的安寧之路。

安寧之路需要集專業醫療團隊的意見及家屬的配合，而病人本身也有自己的功課該做，如此才能走得圓滿。

自古聖賢多寂寞，尋找真理之門是個窄門，必須放棄很多世俗的價值觀與眾人的看法才進得去，所以任何人面臨自己生命的終站或安寧休息的地方，必然百感交集。從病人的、家屬的、社工的、護理人員或臨床醫師的角度，都可以觀察到多方面的情緒變化與轉換。

我們能為臨終病患做些什麼？

基本上，大部分的民眾會把臨終的病人送往醫院，因為家屬不知道該怎麼辦，良心上又害怕虧待了病人。家屬有自己的愧疚感或可稱之為另一種無奈，尤其是面對有死亡恐懼的病患。這時，我們能為他做些什麼？

當醫學已進入緩和治療的方向，不再做化學抗炎治療，不做放射治療，年齡老邁加上多重器官衰竭，生命跡象不穩定，家屬急欲知道：如何能立即解除病患之痛苦，尤其是身體之疼痛？目前採取的治療模式，能否為他們勾勒一個新的願景？例如：可以讓病人再度看日出，上館子吃一頓好飯菜。

也就是說，家屬很願意滿足病患的最後願望，或解決他們未了的心願及遺憾。有時醫護人員也會感慨，平時他們不就可以去完成了嗎？為何到了臨終前才有這些需求？

其實每個人都有各自的優先考量（Priority），大部分的人努力於繼續奮鬥，做更新穎的治療，而逃避提早去安排人生末段的功課。有些中年人或許有經濟壓力，想多為家庭付出，所以在生病的過程裡，他們無暇安排舒適的生活，就連出國也是在洽談公事或生意。

許多人認為他們沒有真正好好地為自己而活，他們總不願意承認生命這麼快就要結束，甚至逃避而不正面去思考他們已瀕臨死亡。是故在安寧的路上，他們有太多的遺憾。人生不該是這樣，應該更豐富、更精采才對。對家屬而言，是一種失去，失去情感的依靠、經濟的依靠，失去家庭功能的完整性。

安寧之路需要全體家庭成員的投入

從現實面考量，每個人生活的重心都在家庭，祖孫三代都是生命共同體，牽動著相互間的責任、義務以及財產。安寧之路就是所有家庭成員都要投入，並學習各種層面的適應。

首先，必須**學習解決家庭內部的衝突**，包括照顧病人的危機處理、經濟問題、財產分配，甚至保險給付。

其次，**對於病情的焦慮、不確定性，以及死亡之等待，應以平常心視之。**大部分病人與家屬也都了解奇蹟不會出現，所以一旦醫療過程進入安寧階段，就不必要臨時反悔，再要求做更積極，甚至實驗性藥物的治療，除非主治醫師有新的、正面的評估。

第三，醫療團隊可以**了解家屬的需要，預先告知家屬未知的事情，提供更多的專業，協助他們**；了解他們的困難，幫忙解決家庭照顧（Home Care），還需要正面肯定家屬的價值。治療的選擇（Decision Making）必須由病人充分了解後決定；同樣地，安寧之路的種種事宜必須由家屬來自行參與，醫療團隊只是協助執行。

第四，對病人而言，也有功課要做，就是**讓他面對自己，讓他自覺（Self-Awareness）或稱為觀照內省，由理性來重新審視人生必經之路**。或許病人會很無助、很孤獨，醫護人員應經常訪視，以幽默的態度聊天，以觸摸病人的手來表示關懷，這種心理支持也是很重要的，但須建立於彼此互相認識或長久良性的醫病關係基礎上。

很多情況是家屬平時不出面，俟病人臨終前，許多不熟識的家屬統統出面，互動不甚良好，偶有不少尷尬的場面。病人此時或許會問醫師：「我快死了嗎？」當然是這樣的，古人常會自覺大限已到，故提早叮嚀家屬，交代後事。現在有許多有修行、有自覺的病人也會如此做，然而醫師面對這種問題，通常笑而不答，轉移話題。其實不用多說，發問的病人從醫師的肢體語言早已知道答案了，只是醫師不願明說而已。

一般而言，病人問醫師他是不是快死了，在疾病末期的時候，病人只是要確定一下，那麼他就知道該怎麼做了。若是在疾病的中期問同樣的問題，則是代表：是否治療效果不好？是否變得愈來愈嚴重？該不該換其他的新藥？同樣的問題「是不是快要死了？」有其不同層面的心理期待，但至少表示他不會逃避。

醫療人員在處理的時候，應察言觀色、幽默地回應，才不至於碰觸到最敏感的話題，引發不必要的情緒衝突。尤其是在面臨病重時，醫師或許會向家屬談DNR（拒絕心肺復甦術，見67頁註1），不做積極心肺復甦術（CPR）的問題。有時醫病關係良好的，醫師也可以主動詢問病人的意見，在心肺功能停止時是否不用做心臟按摩、插上氣管，以及電擊心臟、使用呼吸器等。或許病人要事先考慮這些問題會有點困難，但總是會面臨到的。

有時家屬會要求留一口氣回家，有的老家在大臺北地區，有的在中南部，這些細節都應事先溝通，由醫師依病人的生命跡象做出判斷，安排救護車、隨護人員，以及告知診斷書的簽發方法等。這些都可以坐下來談。

尊重病人的意願、支持他的需要

ＤＮＲ簽字後，每一位醫療人員都應遵守。除非病人的法定代理人做出不同的決定，否則值班醫師或其他醫師不應依各種考量，包括企圖提高病患的存活率，使臨床研究的成果有比較亮眼的成績，而違反病人的意願。

精神科醫師有一種做法，稱之為「前置導引」（Advanced Directive），以尊重病人存活的意願與興趣，乃至於臨終的種種安排，包括簽立生前預囑。這種尊重是很重要的，但是許多家屬往往到病人臨死前一刻仍不放棄治療，並違背病人想回家往生的意願，將病人放在加護病房折磨了一個月，然後死在醫院裡。

有些病人在加護病房的日子裡很沮喪，自行拔管抗爭，做手勢或寫字表示他想出院回家，而家屬卻要求醫師不能同意出院，繼續留在加護病房，甚至連ＣＰＲ都不能省。發生這種情形時，家屬在探訪病人的時刻，病人幾乎都閉著眼睛抗議，不理會家屬。有時病人躁動不安，醫師只好為病患打呼吸肌肉的鬆弛劑，甚至以安眠劑讓病人不得反抗。這種做法離安寧之路實在太遠了。

安寧之路，每位家屬成員及醫療團隊，包括醫師、護理師、護佐、社工師、關懷

師、心理師都是成員，都得參與溝通，讓家屬了解疾病的預後，有無新的治療選擇，緩和醫療的正面意義，以及期待康復的可能性或不可能性。許多不確定的焦慮感是源自不清楚狀況，而衍生過度的預期或過度的沮喪，這些情形下都應趕緊追求最高的靈性。為最親愛的家人臨終時畫上人生一個圓滿（Wholesome）句點，畢竟人生不應該在乎長短。

然而，我們有時也會遇到安寧適應不佳的個案（Poor Adjustment），普遍的特徵是沉默寡言，談話透露無助感，對治療產生懷疑，與醫師互動不佳，不說出真心話，焦慮無奈，對許多建議容易放棄且呈現負面的心態……對這一類適應不良的病人，除非他們自己願意走出來，否則沒有人可以幫得上忙。

佛曰不能渡化無緣的人，開導臨終者仍需機緣，否則多說無意義，似乎在強迫別人接受自己的人生哲學。多半這類型的病人到了末了，會要求自動出院，而很快地在出院的兩三天後在家中辭世。我們可以理解這種無奈，所要做的是尊重當事人，支持他們的需要。

第五章

克·服·恐·懼

如何面對生命終站的來臨

克服恐懼——
如何面對生命終站的來臨

人一生下來就不可避免地要往死亡之路走去。

人生的終站是必然，也是自然，每個人都希望生命平和地、完美地畫上美麗的句點。大多數人若生病已久，平常已知自己死亡將至，無論多麼不捨，到終還算能坦然面對。

但若不情不願，或是事發突然，情緒上很難接受。尤其中國人重視孝悌，都希望能壽終正寢，子孫隨侍在側，這才是有福氣、好家世的基本條件，但愈來愈難做到。

隨著小家庭時代的來臨，許多老人都在養老院、安養中心度過餘生，有些子女甚至旅居國外，無法見最後一面；甚至有些老人過世一些時日之後，才被管理員、社工人員或鄰居發現。

臺灣社會要安置一位老人的確也不容易，因為生存競爭，物價、房地產昂貴。以安養院為例，一位住安養院、可以自理生活的老人，每月約繳臺幣三至四萬；若需要旁人餵食、照顧洗澡、穿衣服者，每月約五至六萬；若是住院請護佐照顧者，每月需繳七萬元。似乎又病又老的長輩不受歡迎，因為有經濟上的困難，何況失業人口已是社會上不小的問題。領失業救濟金為生的家庭將更難安頓長輩，造成老年人更大的不幸。

身體老衰、生命凋萎固然已不容易適應，更何況得面臨生存的壓力，以及時代變革下人情與親情的冷漠，令人感慨所謂的「現實問題」，竟也回歸到動物進化論：「優勝劣敗，不適者淘汰」的法則之下。

面對生命終站的五大要點

第一：需放下塵勞，放下執著，因為什麼都帶不走。

第二：要有學習的心。學習如何走入死亡，只有接納它，才能細細省思自然的法則與自然的歸宿；學習道別、道謝、道愛。

第三：回想赤子之心，保有對世界的好奇心。只不過此時的好奇心，是對未知的死亡世界的好奇、對生死轉換的好奇、對人情世故變遷之好奇、對身體老化的神智轉而清明的好奇。天下沒有不散的筵席，情緣有結束的時候，對於生命，這獨一無二跟隨我們一生一世的，當然也會走到盡頭處。

第四：應解決臭皮囊帶來的疼痛。這點往往需要依賴醫藥，先進的疼痛控制方式已經給病人帶來很多方便，不會昏昏欲睡，而止痛效果也相當好。

第五：仍然是關懷與悲憫，這是病人走到生命的終站，仍可以關懷別人的主要原因。

生命的輪替必經過休息

人是群居動物，孤獨或落單必遭其他野獸攻擊，甚至被猛獸吃掉。在長久的群居生活中，人類學習互動、互相關懷。很多人往內看自己，往往看不到偉大與高貴，但是當他關懷別人，自己卻被自己的行為所感動，那是發自內心的善與慈愛。

我們看到耶穌被釘在十字架上，仍然關懷那兩位被釘在十字架的盜匪。在背叛之前，耶穌安排了所有戲碼，包括猶大的出賣。因為經書是這麼預言的，所以祂仍在教堂教訓別人、悲憫眾人的無知與煩惱。

罹患絕症的病人，病情反覆復發，癌症過程常是如此，家屬一次又一次地掉入絕望的悲哀之中。有些病人反而愈來愈清楚，病情是好不了的，過一天算一天，哀傷無用，也於事無補；有些病人更反過來勸導、安慰家人，尤其是白髮人勸黑髮人。

面對生命終站的所有功課，是人一生中所有功課的精華。假若一世所經歷的都是為了要應付這最後的功課，那麼生死交關的考驗是人生智慧的大考驗，集所有人生智慧之精華。

完成這份功課需要時間。有些人只剩三至四個月讓他回答，有些人甚至更短，很多

人經歷了十幾個月，還無法思索出答案。一些已開發國家卻有一半的人選擇拒絕回答，而傾全力在尋找科技、新藥、實驗用藥及偏方來逃避死亡，只因為他們對生死問題沒有看透。

金錢或許買得了科技，然而科技終究買不了生命。在利用科技延長短暫的存活之時，卻沒有人同時關照生命，在最後的餘生想想應如何面對即將結束的生命。難道他們都想匆匆忙忙地離開？

匆忙與慌張是不能為生命畫下完美的句點的。做任何一件事，一件很重要的事，應該從容地準備才好。

人生的最後一段就像黃昏的瑰麗，夕陽的美好，若不加以把握，黑夜隨即來臨。我們如何還能在黃昏時談論早上的耕種呢？黃昏及夜幕的降臨就是大地的休息，應放下塵勞，拋開煩惱才好。人的一生都在學習，如何取、如何捨、奉獻與接納、效法與警惕、自我肯定與悔改、準備與善後。人生是上帝的恩賜，也是一種安排，宇宙循環、次序的安排。

很多事情是你知、我知，只有在不接納事實的時候，才會歸納在你不知、我不知的範圍。然而，所知是有限的，談論的重點也只能限於有限的範疇，就像有些病人不滿醫師的解釋或處理，只因為那是慢性的、治不好的，或很難以無傷害的方法治癒，但那並不代表醫師是錯的，也不能因此認定醫師的專業有問題。

更且，現在我們談論的重點是癌症或慢性、重大、治不好的病，已逼近生命的終站。

面對死亡，人與萬物皆同

「萬物一府，死生同狀。」當病人已認知病情反反覆覆，癌症緩解後又復發，再度轉移的時候，他們的心情會怎樣？假若時間充分，經歷三、五年的時間，病人信心與低潮交替出現，隨著對病情惡化的身體調適，以及情緒的煎熬、理性的覺悟，有將近一半的人可以接受——默默地接受，或者我們可以稱之為「認命」。他們或許不是心甘情願的，但也沒辦法，科技終究是有限的。

很多人相信奇蹟，就像簽樂透彩一般，總是會有人簽中。但癌症治療的前半段變數比較多，而且一旦惡化、轉移，進入死亡的過程時，其復原的機率比中樂透彩還低，就像老舊的汽車終究要報廢一樣。

或許有人不喜歡這個比喻，然而現實就是如此。人不是神，人只是一種動物而已，與世間所有的動物一樣，在生死議題上並不享有特權。凡有血肉的皆如草木，必將枯乾，只有屬靈的，方得永生。

十九世紀以前，一般人生活窮苦，對生老病死大多能逆來順受，順命且認命。到了二十世紀末，迎接E世代的來臨，科技加上大玩基因革命，定序人類的基因圖譜，驕傲之餘，開始從動植物之基因改造，大玩改造物種的遊戲。每個人都被媒體灌輸新科技、新醫學、新希望的觀念，甚至有些研究人員揚言，只要有錢，活到一百二十歲不是問題。這不如同耶穌所言，財主很難進入神的國一樣嗎？

把生命安住於金錢與科技的人將有禍了。因為他們逃避面對生命的終站，當大限來臨之時，未能以恬靜的心接受，未能放下執著。在貪、嗔、痴中求權力的人，他們的靈魂將無法安息，無法往生自天國和西方淨土，成為中國人所謂的冤親債主，因未得到滿足而無法順利轉換能量的遊魂。

學習接納，學習古人敬天畏神的謙恭心，才能體會宇宙萬物循環的法則與自然生物圈的歸宿。人與其他動物的生與死是一模一樣的。

保有赤子之心是很重要的，這樣我們更能學習新事物、調適新環境。

生命中有情仇愛恨、生死離合，但請諸君相信，生命中也有所謂的柳暗花明又一村。我們永遠不知道命運將我們帶往何處，暫且不談因果報應，我們一直都在面對新的情境，不管是國家的興衰、家庭的榮辱，或是世界情勢與景氣變化，我們都必須學習去適應。中年人必須為老年做準備，老年一到也必須學習面對死亡——人生的終站，或說是另一種生命轉換的預備站。

當我們還能挽救生命，我們必須全力以赴；然而，若醫學上種種跡象都顯示已經接近生命終站，我們應以赤子之心來學習人生脫離肉體，進入靈魂和生命循環的另一個世界。

每個人都應提前學習生死學，認識死亡有助於了解人活在世上的意義。不爭不奪、多施多捨，永遠保持赤子之心。

生與死只是界面的轉換

其實死亡並不可怕，而且生物的死亡是極其自然的事，只不過造物者讓生物有求生

的本能，也有怕痛、怕死的本能。

依心理學的角度看生物體，有自戀、怕被傷害的心理機轉，然而絕大部分的知識書籍所談的，大都是如何享受生命，很少談及死亡的世界。

《聖經》和佛經談論不少死後的世界，不過衛道之士往往以地獄來描述惡人死後被懲罰之處，就如同但丁《神曲》所描繪的八層地獄，以及中國民俗信仰中所相信的十八層地獄。這樣說來，莫非只有害怕死後下地獄的人才怕死，而行為端正，沒做過壞事的人因為不會下地獄，所以不怕死？

其實不然。絕大多數的人都怕死，源自對死後的世界完全不了解，那麼假若我們對死後的世界有多一分認識，將不忌諱談死亡。而且，知死才知道如何有意義地活在人世間，所謂知生也知死，知死方能生。

事實上生死只是磁場、樣態的界面轉換，每個人活著的時候，際遇、福報各有不同，所以每個人死後的報應也是不同。

有些行為不好、貪贓枉法的人害怕談論死後的世界，甚至活著時內心也不斷受良知的折磨。這群人往往也對輪迴嗤之以鼻，他們認為人只有一世，榮華富貴最重要，能搶能奪各憑本事；人只有利害關係，沒有良知，死後一了百了，也不用害怕報應，因為沒有來世，於是行為肆無忌憚，不信因果業報。那麼，他們是否也不相信天堂？也不害怕自己作惡多端會墮下地獄？這麼做完完全全遠離赤子之心了。

基督勸信眾悔改，佛教則倡議信、慚、愧。赤子都是溫和、良善、好奇、順服的。避談死亡，只會讓死亡的陰影蒙上更多的布幕，讓不肖之徒有大做文章的機會。很多因為消災解厄而上當受騙的人，不正是如此嗎？

從歐洲中古黑暗時代的贖罪者，到二十世紀末臺灣的蓮花座，甚至更多的安葬往生者的寶塔，不都是朝著人民無知、害怕、求福、消災的心態來斂財嗎？既然死後的世界那麼受重視，為何我們不以赤子之心來探索死後的世界？

古埃及人認為死後有冥王掌管陰間，所以達官貴人都以木乃伊下葬，以金字塔來為法老王打造死後的殿堂，更以珠寶、甚至活著的妃子一同陪葬，目的是希望與愛妃很快地在陰間會面，再享榮華富貴。中國秦始皇以兵馬俑陪葬算是很人道的，東漢馬王堆的中國木乃伊，保存比埃及木乃伊更完整且精緻，可見古文明中，東西方對死後世界的看法是一致的。

然而，人由活的世界轉入死的世界，假若活著不是永恆，那麼死也不是永恆，死亡的冥間世界也該有界線吧！死的盡頭又是什麼？當然是與冥間不同的另一個世界。其實死後又是一個因果業報的開始，法輪恆轉。

中陰身只是四十九天的密集課程

《心經》說：「無無明，亦無無明盡，乃至無老死，亦無老死盡。」所以生死變化是循環無盡、不知所終的，故佛教有輪迴之說，更以六道輪迴作為因果報應的圖證。生死之隔猶如幽明變化，白天黑夜之循環，周而復始，白天的盡頭是黑夜，而黑夜的盡頭是白天，如此循環不息。

不同地域、國家的人，壽命也不同。緯度高的國民平均壽命比較高，因緣也好，物種基因也罷，不能強求，不可執著壽命的長短。

陽壽從娘胎生下來數小時夭折，到非常長壽的百歲不等，而平均的年齡亦依國家的開發程度、經濟實力及醫藥衛生的發達而不同。壽命的延長就是陽壽的增加，就像白天變長一樣。但不代表陰壽減少。那麼陰壽在冥間的時間有多長？這似乎是一個很難回答的問題。

在西方我們很難找到答案，《聖經》未描述，但丁《神曲》也未提及，因為兩者皆勸人為善，呼籲人斷不可墮下地獄。佛經提到人若墮下地獄或落入惡道，仍可修佛，悔過、迴向、正念，成就正果來脫離地獄。若以無善無惡的人來講，平時沒做壞事，也不熱心公益，那麼死後的陰壽有多長方可輪迴為陽世之人，就比較不易定奪。

佛教的說法則是，人皆有因緣，死後進入中陰身（見《西藏生死書》，索甲仁波切著），再入輪迴。中陰身為死後之受身，其間的度量單位與陽世的時間不同。中陰身為靈魂的調整期，是接受審判、悔改、學習的地方，若因緣具足，理應七七四十九天之內輪迴至另一個應身。根據三世因緣的說法，每個人在陽世間的所作所為、如何種如何收，皆有因果，所以靈魂（輪迴後）依此因果而得到應身，再重回陽世間。

有些人在三個七天後輪迴，有些五個、六個，依次不等。然而，若因果未到而亡者卻執著於意念，不欲輪迴，甚至不知本身業已死亡者，或所謂無法入土為安者，或無法在期限內達成靈魂報身及應身之轉換，便成所謂落單的孤魂野鬼。

有一些修道之人，想永脫生老病死與肉身輪迴之苦，而精進修行，斷絕許多欲望，獲得神通的能力。依佛教《楞嚴經》的說法，這些修道者已達「天人」的境界，卻仍執著於「有我」之非正見，而不能成佛，故雖有神通不致六道輪迴，雖有數百千歲陰

壽，仍無法超脫，不得如來自在，還是有他們的執著與苦惱。

若我們持著赤子之心，在往生後四十九天內精進、修持，將可獲大智慧，修得大圓滿。既知死之將至是無可逃避之事，我們應隨時懷著學習的心、謙卑的心來迎接，而非一味逃避，不敢碰觸類似的議題。就比如游泳，很多人害怕游泳，但對於在常有洪水氾濫的地區，或常乘坐渡船的人來說，能諳水性不是更好嗎？或常有落水的機會，而不學游泳，就像不會游泳的漁夫，將無法獲得更多的魚。

克服未交代清楚的死亡

中國人避諱談死亡，是受孔子及傳統道教的思想所致，然而老莊以更廣大宏達的自然逍遙哲學，讓我們直接面對、接觸死亡。莊子云：「生為傜役，死為休息。」《莊子·外篇·至樂》以寓言方式告訴我們，「汝非死者，焉知死之不樂？」死是解脫，是贖罪，是落葉歸根之處，大家都心知肚明，逃避的原因是太不了解死後的世界。眾人逃避，罪惡惡之，故不得其門而入。

很多人很難看破生、老、病、死，反而很多升斗小民、打掃婦人，卻很能看得開，對死亡的態度是很自然而不逃避的。

天國誰最大？耶穌說，盡是一些像小孩子的，反而年少功成名就的財主若要進天國，還不如駱駝穿進針孔來得容易。

面對生命的終站，我們應懷有赤子之心，不要以為博學強記就一定看得破生死，不要以為那些念書不多的人所說的話語是毫無根據、無智慧可言，這些都屬於「所知障」，貢高我慢的分別心作祟，所謂的自視高而看人低。

六祖慧能，目不識丁，聽一遍《金剛經》隨即開悟，而許多博士、教授對《金剛經》卻嗤之以鼻。所謂的「不可知」論者，他們只相信看得見的，但許多感情與無私的愛是看不見的，不需嘴巴說出來，因為有許多大愛的行動是默默進行的。

很多人說應該活得有尊嚴，死也要有尊嚴，其實小孩子看事情，沒有什麼尊嚴與否的問題。老子云：「天地不仁，以萬物為芻狗；聖人不仁，以百姓為芻狗。」若從「無我」的觀點來審視生死，應該無所謂尊嚴問題，有執著的人才會在乎尊嚴問題。

蒙主寵召乃神的旨意

假若可以控告上帝，許多人都會控訴上帝不公、老天無眼。其實很多病人早就對上帝不滿了，因為再多的祈禱都不被應許，讓他們認為上帝不可理喻，有人還呼喊上帝已死。

還有教徒認為，禱告無效便罷，但上帝總依祂的旨意行事，我們即便不滿意，也無從了解聖意。用心理學的詞句來說，他們是把不滿壓在潛意識下，甚至連自找理由的「合理化」行為都不做。

假若上帝要他們死亡，既然相信上帝，不也應該歡喜接受嗎？何必表面上順服，而內心卻對上帝從前的旨意無可奈何呢？我不是挖苦某些教徒，而是覺得應全然了解《聖經》中的比喻，全然活在神的國度，不以凡人的眼睛看待死亡這件事。

我們應知道，正信基督徒是得到永生的，凋零腐朽的肉體又何足掛齒？正因有潛意識的壓抑作用，故他們不喜歡談論死亡是否與蒙主寵召同樣圓滿。

我認為，「上帝有祂的旨意」這句話其實沒有答案，有點像「不明死症候群」（Syndrome of Unpaid Death），Unpaid是「未交代清楚」的意思，話說白一點就是：

「我尚未準備好，也沒做錯什麼，為何當下將要死亡？」他們擬向上帝討公道，因為神是公義的，而提早蒙主寵召不一定是公義的。

斯賓諾莎認為人的命運是被神決定的，一生的功課是神事先安排的。悔改、救贖，與神和好，做個完全人，未來全自有安排，非人的自由意志可以決定。

中國的基督徒常將兄弟姊妹之死亡稱為「蒙主寵召」，寵君被召回神的國度及上帝的身邊，這不就是很榮耀快樂的嗎？

「因我活著就是基督，我死了就有益處。但我在肉身活著，若成就我工夫的果子，我就不知道該挑選甚麼。我正在兩難之間，情願離世與基督同在，因為這是好得無比的。」（《腓立比書》1:21）

保持赤子之心，就是任憑上帝大能的處置，我完全沒有意見，全部接受。因為死在主的懷裡是美好的。真正好的基督徒完全信靠主，不擔憂未來，他們完全解脫，自由自在。反觀很多教條與觀念牽制了我們自由的思想，太多刻板的教條其實害人匪淺。

我們應學習感恩的心，即使在人生的困境、生老病苦的折磨中，甚至死亡之前，都應懷著感恩、悔改的心。一切得來不易，一切祂自有安排。

如何克服肉體的疼痛？

重病臨終的病人常飽受肉體的疼痛，一般人認為醫護人員至少應設法解除病人的痛苦，讓病人以較自然的神情來度過餘生，維護他們最起碼的做人尊嚴。這一點醫護人員當然是責無旁貸。

以癌症的疼痛而言，各種疼痛的因素很多，包括腫瘤本身的疼痛、壓迫神經的疼痛、骨骼的轉移（蝕骨性侵犯）、器官的阻塞如氣管、呼吸道或腸阻塞，以及腹水的飽脹感和肋膜積水引起的呼吸困難，肋間神經侵犯的疼痛，甚至藥物副作用所引起的疼痛等。

我們不可以忽視病人的精神狀態以及情緒因素，有些人因骨癌接受截肢手術，仍會感覺失去的肢體發出疼痛，稱為幽靈疼痛[1]。所以癌症病人的疼痛，往往需要加上抗憂鬱藥物，以及對焦慮不安的病人給予心理協談。

家屬若能充分配合，不給病患額外的心理負擔，就可讓病人無後顧之憂。然而，有時家屬卻意見不合，甚或為了遺產分配的利害，反而製造了病人更大的心靈煎熬。例如吵鬧、避不露面、子女抱怨各種不公平待遇、討論過去種種不愉快的往事，以及希望能獲得最後補償的心理等。有的人好處拿光了，卻不盡子女的義務，讓老人家傷透了心，這些心理的傷痛更會加深肉體的疼痛。

從美國腦腫瘤醫學會理事長，約翰霍普金斯大學醫學院教授顧若斯曼（Grossman SA）對癌症病患疼痛的原因調查發現[2]：

・源自於腫瘤直接影響者，占百分之七十。

・因癌症治療引起者，則約占百分之十五，如：侵襲性檢查、分期檢查、放射線治

1 Phantom Pain，幽靈樣疼痛，指被截肢後的病人仍感覺原來的（已被截掉的）肢體仍然隱隱作痛，其實那是不存在的。

2 Pain control in patients with cancer. In: *Handbook on Supportive Care in cancer*, 1st edition. Marcel Dekker: New York, 1994:207-220.

療引發的口腔黏膜炎、小腸炎及神經叢傷害，以及藥物外滲、組織壞死等。

・由癌症合併症候群，所謂「癌症附屬症候群」（Paraneoplastic Syndrome）引起的，占百分之五至百分之十，如：帶狀疱疹神經痛、麻痺性腸阻塞、褥瘡，以及肌肉萎縮、痙攣、血栓症引起的腫痛。

・其餘原因如：退化性關節病變、偏頭痛、與癌症本身無關的感染症等。

所以，在處理癌症疼痛時，必須做一些評估（Assessment and Documentation of Cancer Pain），例如：疼痛的強度、發生時間與間隔多久痛一次、需要多少劑量的嗎啡、有沒有肌肉關節的問題、身體行動力功能的改善、有沒有麻醉止痛劑所引起的副作用，如：便祕、腹脹、嘔吐、噁心、頭痛、嗜睡、口乾等。

對於止痛藥的給予，多數學者贊成金字塔式的階梯式疼痛控制模式，例如：

・第一線給予非類固醇類消炎鎮痛劑（NSAID），如：Naposin、Diclofenac或COX-2，選擇性止痛劑如：Arcoxia、Celebrex等，但別忘了Acetaminophen及Ultracet複方劑普拿疼對簡單的肌肉纖維痛仍很有幫助。

・第二線藥物為可達因Codeine及與鴉片有協同作用（Opiate Agonist）的止痛劑：Tramadol和Tengesic。Codeine、Tramadol為四至六小時口服，Tengesic為舌下含片三至八小時不等的間隔，必要時可加重臨時劑量。

・第三線為嗎啡製劑，或比嗎啡更強的中樞神經疼痛阻斷劑。一般以Morphine為代表，從30 mg、一天三至八次開始調整，最好依固定時間間隔給予口服的嗎啡，先是基本量，之後再改為MST緩釋型嗎啡，一天只需予MST兩次左右。Oxycodone、Hydromorphone也是很好的長效類嗎啡止痛藥。

再者，也可依每天嗎啡需求量，轉換為比嗎啡強八十倍的Duragesic皮下貼布（Fentanyl®），這種藥做成皮膚可以吸收的藥劑，每小時釋放25－150 μg/hr不等，使用上更方便，且讓病人感覺不需要常常服藥。Fentora口頰貼片也可以用來幫忙緩解突破性疼痛。

一九九〇年代起，比較流行攜帶式幫浦，將每一天所需要的嗎啡量設定好，以蝴蝶針插在肚皮下，小機器則綁在腰間，嗎啡會不斷地緩緩注入肚皮內，達成穩定、持續的止痛效果。在特別疼痛的當下，用手按「當下」補強劑量的指示，可以多得5－10 mg的嗎啡。

Demerol鹽酸配西汀（短效鴉片作用）也視同嗎啡的止痛效果，副作用也類似。目前已經很少使用，因神經副作用多。

另外，有少數中樞神經止痛劑Pentazocine鴉片類藥物等，屬麻經處管制藥品，比較少使用。

・第四線的疼痛控制，是用來對付非常棘手的癌症疼痛，例如神經結阻斷術。將腫瘤壓迫的神經皮節清楚地定位出來，例如肺癌引起的肋膜痛可能是T9-T12神經結，那麼麻醉醫師就從脊椎旁的神經叢注射長效型的神經阻斷劑，以達成神經傳導局部被阻斷掉，有效期限約二至三個月。然而這是可逆的，所以期效過了，病患仍需再接受另一次的注射。這種方法對頑固神經根壓迫的疼痛特別有用。

而若腫瘤大到壓迫脊椎或轉移到骨頭，形成蝕骨性的變化，甚至病理性壓迫性骨折的發生，最好的處理是姑息性放射線治療[3]。這種方法常應用於肺癌、乳癌、胰臟癌、多發性骨髓癌，以及前列腺癌的轉移。

當然，注射Aredia（Pamidronate）、Zometa雙磷酸鹽類，以及Xgeva，可以抑制腫瘤引起的蝕骨作用，不僅減少骨折的發生，亦可以減緩骨轉移引起的疼痛。

癌症病患到生命的末了，常受疼痛的摧殘而無法安穩入眠、無法吞嚥、呼吸困難、排便困難，所以借用各種疼痛控制來改善病人的生活品質是很重要的。

有時候家屬往往擔心一直調升止痛藥，會不會讓病人成癮而無法戒斷。因為一般民眾認為嗎啡是毒品，打嗎啡就像打毒品一樣，病人會上癮且身體會變虛弱，所以心理上多少會排斥。甚至有些醫護人員也採取比較保守的態度，或告訴病人打多可能會抑制呼吸，對生命有傷害。

小心使用麻醉性止痛劑的想法並沒有錯，然而如果使用量在保守的心態下，無法有效地控制疼痛，反而會讓病人更受痛苦。所以應與醫護人員充分溝通，妥善規劃管理麻醉性止痛劑的使用，而不是因為害怕而不敢放膽去用。

有些人會落入迷思，不但拒絕接受疼痛控制的藥物治療，且認為病痛是神的試探，必須經得起水深火熱的考驗；人活著不單是靠食物、藥物，乃是靠上帝口裡所說出的一切話，應以接近殉道的方式集眾人禱告，祈求聖靈賜福。

3 Palliative Radiotherapy，或稱「症狀緩解性放射治療」。部分因為癌症病況嚴重或有轉移病灶而無法治癒的患者，可藉由適量的放射線治療來達到暫時紓解症狀的目的，進而提升病患日常生活之品質，以此區別「根治性放射治療」。

若病人有這樣大的信心，肉體也可以撐下去，我們身為醫療人員會順其意。若是病人自願放棄醫師而接受自然生死的法則，且毫無怨言，我們理應配合並尊重他個人的決定。但是，又何苦呢？

關懷與悲憫

這點其實是雙向的，前面談到給予臨終病人心理支持的重要性，相對地，病人給予家屬的安慰也是互動間的一條活路。家屬的難過來自心疼病人受心理及肉體的折磨、捨不得病人去世，也擔心未來的不確定感，包括親密感的喪失、心理依賴的動搖、經濟來源貶抑，以及社會資源枯竭、人情世故孤立。

家屬承受的心理壓力往往被醫護人員、社工人員所低估。其實不良的醫病關係，起源於我們忽視了臨終者家屬的感受，這些感受有些甚至是不良的擔憂與投射作用。

我們很少看到病人反過來安慰家屬，甚至安慰醫師，因為沒有幾個人有這麼超然、達觀的修為。但是我們很驚訝的是，一些病人他們的確做到了，這是相當難得的。

其實每位當事人各有他們的問題、感受、情緒與價值觀，甚至利害關係，而造成許多煩惱與困擾。當然，最重要的關鍵仍然是病人本身，因為病好了這些問題也都迎刃而解。但若病人不會好，面臨生命的終站，面對內心的煎熬與肉體的苦痛，該怎麼辦呢？

關懷的出發點是「關心他人」，並非關心自己，所以家屬關心病人，病人關心家屬，醫師關心所有的病人。

而悲憫的特點就是不會過分要求。或許有人會認為我替醫護人員說話，其實不是這樣的，因為醫師有一天也會變成病人。角色互換後，這種問題仍然是一樣的。內科醫師生病若需要外科醫師開刀，此時內科醫師也是病人，必須聽外科醫師，甚至麻醉科的。我想每個人一生中所遭遇的情境都是均等的，只是大家打開心胸，集思廣益，想想各種可以解決的方法。

每位家屬都在學習，病人也正在經歷中，醫師、護理師也面對著每個家庭不同的教育背景、風俗與宗教信仰。

當我看到一位受癌症摧殘多年的病人，在病情惡化的時候，仍然能以平常、順服的心來接受他的命運，並反過來安慰他年輕的妻子、年邁的父母時，我們在一旁照顧的醫護人員當然會大為感動，因為這是多麼令人敬佩、感動的事。

這種真實面讓我們大受鼓舞，因為病人在疼痛中仍有能力可以看開，還可體諒醫護人員與安慰家屬，他可以捨得他的痛苦、他的生命，卻捨不得看到家人難過。

屬靈操練，聆聽神

惻隱之心，人皆有之；憐憫之情，亦人皆有之。當我們遇到困難、抉擇的時候，我們常祈求禱告神賜予智慧，想聆聽神的旨意，避免落入人的盲點與錯誤的假設。有時候我們生病了，內心軟弱，我們的所知、所見也變得模糊不清，身旁又有許多親朋好友的雜音（雖然也是出於善意的關懷），讓我們無法分辨或查驗，但請勿在此刻惶恐，因為聆聽神並不難。神的旨意就是命運所呈現的藍圖，聆聽神就是聆聽內心的良知，從人性或動物的抉擇，昇華為神的恬靜、不爭不求的平和。

人性多半是利己的，神性是利他的，棄人性而就神性，這樣就比較容易分辨與查驗。基督徒稱之為屬靈操練（Spiritual Exercise）。

生命的價值不在乎長短，而在乎過程。我們若能以憐憫心包容所有周遭人的作為與價值觀，也不過分在乎自己面臨生命的終站，即所謂不知老死之將至。一個能肯定自己的人，不會太在乎別人的批評，但缺乏自信或人生宏大目標的人，要如何才能做得到呢？

有一天，病人對我說：「醫師啊！讓你照顧這麼多年，給你添了許多麻煩，真是辛苦了。多活了這麼多年，孩子事業有成，孫子也長大了，我也多遊玩了許多國家，算很好命的，我也甘願了。好幾次復發，在鬼門關被你救了回來，你是辛苦了，有時候我真想就這麼樣去了也好，一直麻煩你們實在是感激不盡。這次我感覺我的大限到了，病情惡化下去就順其自然吧！不要浪費太多醫療資源在我身上，所謂老而不死是為賊啊！用了一百多萬只讓我多活兩三個月，這真是不值得啊！一百多萬，甚至兩百多萬的醫藥費可以養活一家四口達六、七年之久啊！醫師，你是好人，這回就不用那麼大費周章了，我死算不了什麼，把這些全民健保的資源留給更多的子孫吧！」

我非常感動，沒有見過這麼令人尊敬的老人。造次必如是，顛沛必如是，反求諸己，是君子，是聖人。

病人才是生命終站裡最重要的人。我看過許多不接受死亡的病人和沒有理性的家

屬，使得原本自然的事變成心靈的創傷，家屬在事後需以更多的時間來止痛療傷，甚至影響他們的人生與幸福。畢竟走錯一步棋，要費更多的時間與精力來彌補。要學習看得開、捨得下是很不容易的，應提早準備。

人生的考驗，每個人都會遇到的。什麼樣的人比較能看得開呢？當然是淡泊的人。在我行醫生涯中，發現平凡人多半看得開，反而有錢、有地位的人不易看得開。

另個現象則是，有些民眾平常不太關心健康或醫療資訊，一旦生病就立即關心醫學，上網查詢，看看有無治病的新科技、新祕方。他們同時相信科技又同時重視祕方，看來是很沒原則的，人云亦云，什麼都可以試試；反正已經大病臨頭了，便急就章、抱佛腳，認為有人成功了，或許自己也可以。

還有些醫師得了癌症，也同樣詢問其他同事服用偏方，更何況一般的民眾。只要有治不好的病，就一定有偏方在市面上流傳。

廣結善緣，不遷怒

有些重症病人不能接受事實，但又無法否認醫師開立的重大傷病卡，於是家屬帶著他們到第二間醫學中心尋求第二專家的意見。若又得到相同的結果，則再度轉往第三間醫學中心，看看有沒有比較符合他們期待的診斷與預後。

其實，診斷病名是不會變的，而治療的成效也是大同小異，因為癌症治療在現代的醫療體系中，大致有共識。

醫病關係本來就是藝術，並不是治療前講得很好聽，其結果就是一定會好。所謂的預後評估，是根據病名、早期或末期，以及選用的治療模式（如放射治療或化學治療），所得到的結果，所謂三年無病存活、五年整體存活等。醫學是著重實驗與統計結果的，這樣的研究才符合科學的精神。

有些病人自己覺得像小白鼠一樣，成為醫學研究的對象，當他們的宿疾被治好，便全忘了當初的疑慮，只覺得自己福大、命大，而醫師很有醫德還算不錯，有專業、有良心。但若病人病情惡化或死了，就開始懷疑是否治療有問題，同意書是否未盡告知的義務，開始挑毛病，尋求自己的權益。其實醫病關係講求的也是緣分，體察別人的辛勞，同心協力方能成就，又何必挑毛病呢？

有些受過高等教育的人更離譜，正統醫學不能滿足他們的期待時，就轉而相信民間

偏方或草藥，等到病入膏肓時，反而不會告草藥商人或偏方提供者，因為是病人自願花錢買個心安，只是消災不成，怨不得人。這種心態其實是有爭議的，病急亂投醫，事後還得自食其惡果。

曾經有一位病入膏肓的病人，他覺得醫師只是凡人，診斷及預估不見得正確，所以找了民間偏方，又尋向「濟公」的神諭。沒想到濟公竟回答他們：「已經沒命了，還來求神問卜？」斥令他們回醫院來。後來全家人在醫院變得很配合，也能接納生命終了的事實。

有些建議聽起來很積極正面，其實是刻意包裝的謊言，癌末的病人需要一些希望，但善意的謊言將引導至錯誤的認知行為。

生命何時才會結束呢？

許多重症病人受盡病痛的煎熬，家屬也被搞得生活步調大亂，甚至請假或辭職來專心照顧病人。

人不是神，沒有人可以準確預估病人何時會辭世，但是焦急的家屬在評估病人需不需要進一步治療時，往往會問醫生：「還有多少日子可以治？」我們知道一些癌症的臨床試驗治療條件是，對預期存活期有三個月以上的病人才允許做積極治療，如果預期病人活不到三個月，不能登錄於治療組。

那麼，臨床醫師應如何判斷病人能不能活過三個月呢？假若醫師能判斷，那麼病人家屬問及病情，是不是該據實或據經驗告知呢？

有一位八十四歲家住員林的老嫗，得到第三期的惡性淋巴瘤，我幫她做了化學治療後，得到長期的完全緩解，不曾再復發。但她有一位兒子排行老五，非常孝順，嘘寒問暖，定期帶她回醫院追蹤。雲林離臺北有近三百公里遠，他仍不辭辛勞。後來她兒子把她接到臺北來住，比較方便照顧。

其實老嫗已年邁，後來又罹患陰道上皮細胞癌，且合併慢性腎功能衰竭，最後老嫗日益老衰，終至無法行動，食衣住行都依賴他人照顧，老五幫她請了一位印尼女傭全天侍候她。他們其實是平常百姓，收入並不豐厚，省吃儉用才足以請個外傭幫忙，每次回診我總喜歡稱呼他「孝子」。他很細心，不會因母親年紀大而忽略身體細微的病痛，所以老嫗的腸胃不好、營養不良、皮膚搔癢、視力不佳、白內障等細節，我都必須幫她打點好。

老五在他們家中是最小也最為孝順的，另一位偶爾出現在門診的是老三，女兒則出嫁外地，很少到院探視。另外兩位兒子則很少出現，可說根本是不聞不問。媳婦呢？或許都有她們該忙的事情吧。畢竟帶病人到醫學中心看病需耗個半天。

老嫗後來病得很重，也可說年老體邁、成天昏睡、鮮少言語，然而仍可叫醒她，有時認得了親人、醫師，有時認不太清楚，最後又被送到醫院住院治療。經過評估，已經需要做人工透析（洗腎）治療、輸血、打ＥＰＯ紅血球生成素，然而家屬討論的結果是不贊成做人工透析，希望以支持性療法走完她的殘生。

老五每天來探視他母親，對未來如何醫治，他一切聽從醫師指示。老三則希望我們能治療她到生命的末了，只剩下一星期左右的時候，他們才將母親帶回雲林，方便料理後事，因為若是病情反反覆覆，病人出院後又再度入院，總是不妥，又擔心他母親舟車勞頓，身心無法承受。

這點我們相當同情且認同家屬的做法，然而生命何時會結束，我們能以醫學角度來預估嗎？又該如何評估呢？

母親想坐上雲去

這讓我回想到我母親的情形。她是惡性肋膜間皮細胞癌的病人，在她生命的最後那一年開始形容憔悴，但仍然搭乘飛機到臺北來看我，在臺北住了一個多月。她待最久的時候，連我姊姊都催促她快回屏東老家。那年的春節及清明掃墓我都回屏東陪媽媽，心想母親身體還可以，所以六月中旬到西班牙巴塞隆納參加歐洲血液學年會。我答應母親，七月一日必下屏東把她帶到臺北來住一陣子，方便調養身體，做一些她喜歡吃的飯菜侍候她。所以那一年的端午節沒回屏東，母親在電話裡嘟噥了兩句，我告訴她，七月一日必去接她。

結果六月三十日她在浴室昏倒，不省人事，並咳出大量鮮血，不到半小時就過世了。前一天她還和我的姨婆聊天，談了半個下午，沒有料想到，她未等我回去接她，就只差那麼一天，便天人永隔了。後來我問到照顧母親的鄉親和姊姊，她們說母親在最後的一星期常常看到一朵雲，在她眼前飄來飄去，她好想坐上去。這當然是臨終的異象，可惜姊姊並未告訴我，母親也只說她想見我，並未提到眼前飄浮的白雲。

媽媽的最後一句話是：「我不想等了，明志還沒回來接我，我想去了……已經累了。」我們盤算事情總是人算不如天算，每次看到孝順的子女陪著病人進來診間噓寒問暖時，我總是心有愧疚；沒有善盡我的職責，是我這輩子最難過、最遺憾的事。孝順掛在嘴邊是沒有用的，我們的行動在哪裡呢？遺憾的事發生，是永遠無法彌補，無法原諒自己的。

要實際評估病人的生存有多久，是很困難的。有的老人身體一向不好，許多病痛集於一身，生命力卻很堅韌，像一條細水長流，數年而不乾涸；有些人的餘生就像彗星隕落，快到無法想像。或許有人認為是醫療品質的好壞或疏失所引起，其實不然。生有時，死亦有時，一切在主，主將安排。前因後果，遠因與近因可以分析國家之興亡、戰爭之成敗、企業之興衰，然而何時生、何日死卻很難預料。

生產的預產期可以早產一個月或延後兩三個星期，而病人行將死亡的時間卻很難看得準。在本書第六章〈臨終的表象〉提及，可以預估一星期到三個月的時間，然而有些默默無語、缺乏分享經驗的病人，我們不容易下判斷，只能從醫學常識與臨床經驗中得知。有人或可從紫微斗數之流年流月推估一二，但準確性也不見得高。臺灣之前有一位女性星相家，常在電視媒體開講西洋占星術，不料卻看不出自己的運勢，最後被情夫所殺。

我常常告訴病人家屬，雖然知道病人所剩下的日子不多，然而我們是凡人，時辰未到，接病人走的使者何時來臨，怎麼會知道呢？就像等待不準時發車的車子一樣，乘客已坐上車了，但何時才開走呢？我常勸家屬，在這段日子裡大家應有耐心等待，急也沒有用。假若最後的日子裡，病人異常痛苦，希望早點辭世，難道不可以嗎？不合理嗎？

第六章

迴・光・返・照

臨終的表象

迴光返照——臨終的表象

人若離大限不遠，會產生什麼徵狀？對於身邊的親人將離人世，該採什麼態度、做法來安息靈魂？

中國人以面相學見長，相親看面相，徵才面試也看面相，連警探辦案也看面相。我們知道相由心生，所以面相如同血壓、脈搏一樣，可以觀察健康之一二。中醫學所謂之望、聞、問、切，可見「望」出一個人的運勢。而一般中國人也熟知，印堂發黑則氣數將盡。

然而，氣數是什麼？

道家認為氣聚則生，氣散則死。人的臉部有七孔，身體脈絡也有竅門，人的氣則盤聚於竅門，故可觀察其生命力之強弱。

醫學上觀察重症的病人，即使是清醒的，或半昏迷狀態的，其臉孔之張力，皺褶之深淺各有差別。醫師習慣以APACHE分數量表[1]觀察生命跡象，包括血壓、血氧分壓、尿量、血液酸鹼值及昏迷指數（Coma Scale）來推估病人的危險指標。這些指標往往會上上下下、有很大的浮動，多半可以預估一至二星期的病情走勢。

然而，醫師的經驗卻發現，臉部表情的變化往往可以預測臨終前七十二小時內的病況。也就是說以APACHE分數而言，病人的表象或許還算穩定，未必明顯惡化，然而一旦病人的臉部表情呈現「氣散」的虛象，則表示預後相當不好。

1 為疾病嚴重程度評量表，加護病房用以分析病情嚴重的生命跡象指標，包括體溫、血壓、心跳、呼吸、血氧分壓、尿量、血液酸鹼值、血鈉、血鉀、肌酸酐、血比容、白血球最低數及昏迷指數。分數愈高則愈嚴重，預後愈不好。

生命的終了就像凋零的樹葉、枯萎的花朵，以及蛀腐的樹幹。我們並非看不出來，而是神奇的醫學與科技讓許多事化腐朽為神奇。現代人逃避死亡的心態，使我們不願意，也不認真去觀察死亡的過程，只因為這是大家所不喜歡的，就失去興趣來研究。

應視生命為藝術來關心

現代人過於注重物質生活，又迷失於推陳出新的商品。許多人認為生命的價值在於享受生命及自由，所以食衣住行育樂的新點子、新產品成為眾人追求的焦點。虛擬實境的電腦軟體，使得年輕人進入另一種毒癮。若說鴉片、搖頭丸、K他命是毒品，有些不適當、會傷害心智發展的電腦遊戲、色情光碟也使年輕人價值觀嚴重扭曲。

現代人一切往錢看。活著為了錢，死了也還放不下錢、地位、物質享受，追求欲望，感官的快樂主義，是二十一世紀最大的問題。

許多學校開了生死學的課程，坊間也有一堆談論生死的書，究竟我們學到了什麼？

只看到神祕的一面？或者仍舊是害怕與逃避？其實可以做問卷調查，看看學習前與學習後，我們對生死了解多少，又改變了我們的人生規劃有多少；能夠坦然面對，或幫助別人面對死亡的又有多少。

現代多半是小家庭，三代同堂已不多見，年輕人也學習不到父母親對祖父母的孝順。以中國傳統的孝道而言，現在的小家庭很難展現出中國人的美德了：父母忙著賺錢，小孩忙著補習，彼此互動的機會少，父母也捨不得教訓小孩；學校老師被外界責備多了，也心有餘而力不足，無法有效管教這些青少年。課堂上吵鬧、吃東西、傳紙條，就跟西洋電影裡的情節一模一樣。有時我難免悲觀推測，二十年後臺灣孝道將不存在，一切只是生存條件的結合。實證主義與功利主義的目標就是個人最大化的利益，沒有高貴的理想與奉獻。

當一切都是競爭，人情薄如蟬翼時，生命將變成什麼？

如果生命變成科技、法律及金錢的三角關係，那就是商品訴訟。臺灣將醫療納入消費者保護法，醫療就幾乎可說變成了商品。

但有錢、懂法律的人就一定享有醫療品質保證嗎？那也未必。「天公疼憨人」，凡是與醫師配合的，雖沒有特殊關照，卻也復原得很快。反而我看過有錢有勢的人生大病時，倒像一個危險因子，醫師們做起事來很不方便、很不自然。畢竟醫師是人，不是機器，緊張對立下很難表現醫病的藝術。專業諮詢需要被尊重，不是一般商品，也不屬平常的服務。尋求神父的告解也是一樣的。

這樣看來，會有多少人有興趣觀察臨終的表象？例如：關心生命、將生命當成藝術，把生命當成靈魂來關心，不把健康當成商品。

現代人生病，偶爾會尋求第二甚至第三意見，或輾轉於多個院所治療。有共識是很重要的，理念相同當然最好，但對不同的看法也必須尊重，而且多數醫療是有不同等級建議的選擇（Optional Prefered）。在醫界常常有病例討論，由專家來推薦治療方案，也會有意見分歧之處。重病末期的治療，也分為積極或緩和治療。

用心觀察老、病、死

以前農業社會三代同堂，孫子可以觀察到祖父母的衰老過程，可以體會血脈之延續及技藝之傳承。大家族的環境可以把孝悌忠義發揮得淋漓盡致，叔伯姑嫂等至親與表親常上門互動，自然可以讓老、中、青三代良性互動與成長；耆老是受人尊敬的，那是智慧、恩慈的好象徵。

反觀E世代社會，視耆老等同於無用，是將被取代的殘枝敗柳，也難怪現代人極端怕老、怕死。古聖先賢訓示人們應敬老尊賢，看破生老病死的迷障，然而現代人不但做不到，反而背道而馳。從古人的標準來看，現代人不僅離經叛道，而且勞碌、愚蠢至極。

很多青年或中年的小家庭，男主人生了大病，家庭頓時失去支柱，又從未面臨生離死別的考驗，往往慌慌張張向長輩求助，向宗親好友求援。反過來，當長輩老而凋零之際，年輕人多半是送醫院再送養老院，最後送太平間，最好不影響小家庭上班上學，偶爾良心不安，從不思量自己有沒有責任，反正已經付了健保費、請了看護，有事就推諉給醫院。既然花了錢，醫療是商品，就應該有保證。

事實上，醫療不是商品，醫療可以傳道，拯救生命，是神聖的。難道大家認同「白衣天使」是商品服務員，如同電梯小姐、專櫃小姐嗎？

大部分病人的死亡原因都不算是意外，都有一段時間的因果關係與病痛煎熬，當然需要一群有愛心的專業人士來照顧。假如我們能從現代的迷思中覺醒，才能用心學習觀察，疼惜家庭中的老年人與重病者，不管他們是身在醫院或安置於安養中心。

相貌的改變

有一位七十六歲老婦人罹患血液的惡性腫瘤，一開始長在頸部造成她呼吸及吞嚥困難。在做化學治療的過程中，家屬要求保密病情，有段時間病情緩解，之後又再度復發而入院治療。當時老婦人即已交代後事，叮嚀遺產之分配，她怎麼會不知道病情的嚴重，以及老之將至、死之來臨呢？她當然也經歷過許多親朋好友之告別式，怎麼會不知道這是怎麼一回事？

她後來經過積極的化學治療，病情改變很多，頸部腫瘤消失，說話吞嚥很正常。但是三個月後癌細胞轉移到骨髓，連周邊血液中都有四、五萬的大淋巴癌細胞。

她指著水腫的腳，問醫師怎麼會這樣，笨笨的、沒力氣，腳抬不起來，又冷冷冰冰的，腳趾末端呈發紺狀……其實當時的她臉也腫腫的，只是沒有照鏡子不知道而已。

我告訴她，是周邊血管循環不良造成的。她問我為什麼會這樣子，這麼難看、這麼糟糕，她不能接受。

很多死亡過程比較長的重症病患，會經過一段相貌改變的過程，如：臉部浮腫、神采黯淡，連病患本身都不認得自己，頻頻問醫師：我怎麼會變成這樣？這種相貌的改變等於預告臨死過程的開始。

每個人死亡前的病況不同，過程不同，理性與感性的修養也不同，醫師與護理師都需耐心引導、同理病患內心的焦慮與恐慌。如同此病例，白蛋白缺乏，低血鈉，癌症的相關血栓症，血管內瀰漫性凝血，肝腎功能不佳，心衰竭，標靶藥物副作用……都是可能的因素。整體而言，就是疾病惡化。

幻覺與幻聽

幻覺與幻聽是很常見的，精神科醫師稱之為譫妄。若憂鬱占癌症末期病人八成，那麼八成五以上發生譫妄，九成發生人格障礙（Personality Disorder）或思覺失調。以動態量表來看，癌症病人初期的心理反應是壓力與危機，然後進展到調適不良、憂鬱

症，最後發生譫妄。這是漸進性的精神動態變化，隨著病情的嚴重，幻覺有所不同。

慢性死亡的過程是很難熬的，開始時會在夜裡說夢話。說夢話是很奇妙的一種表徵，醫學上多半是診斷為幻聽或幻覺。然而，一般思覺失調症患者的幻覺與幻聽是發生在白天，且病人可以清楚地與醫師交談幻象。而**癌症末期病人的囈語超過百分之九十是發生於夜間，病人多半沒記憶，都是由一旁照護的人員發現的**，這一點有很大的區別。

另外一種瀕臨死亡的病人能記得的，應該解釋為夢，只不過常人對夢境的記憶或清楚或模糊，但癌症末期病人的夢境顯得特別有意思，有些竟與病患的未來病情變化有暗示性與某種程度的關聯——可以說是一種預知，或對未來的焦慮。甚至白天也可能發生幻覺，例如見到馬車或乘著白雲，或是見著很強、很吸引人的強光從天界照射下來，這都意味著死之將至。

我的經驗是，一些病人在描述這些情境時，絲毫不會害怕，而會害怕的病人就變得沉默、面色凝重，不喜歡與人分享這種預感。

還有一種情形是，病患跟醫護人員訴說，半夜看見數個黑衣人上前帶走隔壁床的病人，或是見到黑衣使者在病房間徘徊。有些病人會害怕，就要求更換房間。

為何他們會見到一般人看不到的景象，而言之鑿鑿？難道真的有陰間使者這一回事嗎？很多小說電影是這麼演的，這些是以訛傳訛，或是真有其事？難道人死後就這麼可憐地被帶走嗎？這些黑衣人一點都不溫柔，也不禮貌，似乎是將人強行押走的。

相對地，有黑衣人就應該有白衣天使了，有沒有病人看到過？當然也是有的。

有一位八十六歲的紳士，他孫女在醫院注射小組（IV Team）服務，他的病是慢性貧血，後來不幸發生股骨頭骨折合併脂肪栓塞，進而呼吸衰竭。然而他臨終的過程，臉上呈現愉悅、輕鬆的表情。

大家或許會質疑：一位貧血又呼吸窘迫的老人，臨終怎會是輕鬆的？然而他的孫女清楚記得，每天當我到三樓病房查房，他直呼我為「大師」，查房時我們是有說有笑的，雖然他躺在床上裝著氧氣管，但精神很好；我們盡談一些別人聽不懂的，別人也不曉得我們笑什麼。他從來不問病情，談的是哲理及他夢中看到的景象，他還邀約我一起去遊玩，當然接他的是一群善良的天使了。人生的盡頭能這麼走是很愜意的，孫女還稱呼他為老頑童爺爺。

我認為，**癌症末期或其他重症病人所發生的譫妄，有部分是不需要藥物治療的，許多是偶發事件，會自行消失。醫護人員多跟病人說說話，就是關懷、用心愛病人。**

至於肢體動作比較大的譫妄，我歸納經驗，往往是病患有所要求，而家屬及醫師基於安全理由不同意，於是病人所做出的強烈反抗。常見於病人想出院回家，或離開加護病房，或另一種無法解釋的外力，病人莫名其妙地摔下病床而自身也不知道是怎麼回事（參見《死亡癱瘓一切的知識》）。

陰陽異象

病房中常有靈異的事情發生，當然有些醫護人員見怪不怪，有些人斥為無稽之談，所以聰明人乾脆不多說。

醫護人員看到彌留病人喃喃自語、日夜顛倒，也都以平常心待之，這些神智不清多半發生於年老體衰或重症病患、癌症末期病人。我甚而遇過醫護人員可以預知病房不久之後或許有病人將病故，故提早準備急救設備，而五至十分鐘後真的傳出病床ＣＰＲ的呼叫與警示，可以從容就緒。

為何會有這麼奇特的事情？一般俗稱的「陰陽眼」，可以見到ＣＰＲ之前的靈異景象，也就是見到病患靈魂出竅，故得知該病房將有人病故。然而，此特異功能不能以科學舉證，當事人往往因此而困擾，故多半祕而不宣，就像醫護人員偶爾斷知病人存活人間的時間有多長，也不便告知病人。一般靈異的事多半發生在夜裡，尤以喃喃自語，與過世多年的親友交談為多，有時連聲調都像變了一個人似的。

在病房裡，家屬會將醫師拉到一旁討論病情，他們很想知道病人還能活多久，以便家屬準備並料理後事。醫師及護理師往往採保留的態度，但也會做個猜測，給家屬一個方便。

其實也不一定猜得準，除非病情特別嚴重，如：使用呼吸器、血壓量不到、重度昏迷、瞳孔已無光反射等腦幹功能，或者病患的臉型五行已垮，那麼病患只有存活幾天至一個星期的機會罷了。有時病情不穩定，時好時壞，有時昏迷，有時清醒，雖有重病在身，我們實難以預測，畢竟生有時，死亦有時。

我們也曾經歷病況很糟，但否極泰來、起死復生的案例，所以醫護人員不輕易論斷病人可能生存的期限，以免遭來不必要的困擾。

病房倫理

從前病家莫不尊敬醫師，若有病情重者，家屬懇切希望得知病人能不能救——若能救，該用什麼特效藥來救？若不能救，病人能再活多久？然後希望病人安然地、比較不痛苦地辭世。

醫師從不說謊，也不會乘人之危，全憑良佑良知良能做事，故能得到家屬的尊重，偶爾判斷失準，病人「提早往生」，他們也能諒解。若病人有幸病情改善，甚至痊癒，沒有家屬不表示由衷的感激。

然而，自全民健保實施以來，雖提高就醫的方便性，雙向醫療倫理的醫病關係卻未見有關單位或機關首長重視，反而利用媒體宣傳病人的權益及申訴管道。

我個人以為，政府單向推銷醫療政策，宣揚德政，卻苦了各基層的醫療團隊及醫護人員。醫療品質的口碑，必須由所有的醫療基層人員擔負責任，雖是「以病人為中心」的倫理思維，也應提醒全體國民，相對要付出必要的尊重，珍惜醫療資源。

「以病人為中心」與「以醫師為中心」的倫理，必須達成兩極的平衡與配合，否則立場的對立只會增加困擾及醫療糾紛、資源浪費的亂象。

醫師應有專業的素養，病家也該有法治社會中懂得尊重專業的涵養。

對於重病者能活多久的問題，本來就是看不準的。舉例而言，若醫師認為病危，簽發病危通知，希望家屬有心理準備，然而病人一星期內尚未病故，病情偶爾好轉，於一個月後病故，家屬應持何種心態來看待此事？有的家屬認為，親人有的遠在中國大陸或美加地區，往返不便，為何醫師不能判斷得更明確些，以致他們有無所適從的感覺。

其實最大的原因是現代人工作忙碌，沒有太多親人願意隨侍在側。若是病情不樂觀，那麼就將病人放在醫院，待病故後，送太平間，轉交葬儀社處理。然而，他們尚有良知存在，接到病危通知不前往探視父母還是會良心不安。

矛盾的家屬

了解這點之後，就可以體會為何有些家屬對病危通知的排斥及矛盾心態。以另一個角度來看，若是病人家屬常到醫院探視，甚至親自照顧，那麼這病危通知也只不過是

一種形式，告知家屬病情危急，應有心理準備。

大家需搞清楚：**病危通知其實並不等同於「宣判死亡之先前通告」**。因為病危者也有可能恢復，只不過癌症末期的病人，他們的病危通知大概就是告知末期病情，生命跡象已極端不穩定，也就是距離大限不遠矣。

另一種偶爾見到的狀態，就是病情時好時壞，醫治後有些改善，然而不久之後病情又反反覆覆惡化，家屬也被磨得精神衰弱，三天兩頭到醫院報到。所謂貧賤夫妻百事哀，人性很難跳脫這個枷鎖，生活吃飯都成問題了，誰能花錢住院治病，又有哪間醫院喜歡長期照顧將屆臨終的癌症病患？

對安寧療護照顧的重視，應該可以反映出政府的德政。因為以目前的健保給付而言，急性病房的檢查與抗癌之化學及放射治療才有比較大的利潤，而績效考量又是醫院經營者的緊箍咒，但病人仍舊希望醫院是慈善機構，能夠收容度過生命最艱困的一關。

檢視孝悌最好的地方就是醫院，但遇上忙碌的工商社會，有哪些年輕人或上班族有空放下工作，到醫院照顧病人？所以大多是僱請外傭及看護工，但是病人最想見到的是能談心與分享的親屬。

有些家屬的心理很矛盾，一會兒希望能救病人，轉個念頭又詢問有無安樂死的方法，可以讓病人無痛過世，不要拖那麼久，因為情感上及經濟上的負擔對他們而言是很沉重的。

健保尚未開放時，曾經有個病例類似這樣的情形；她已年老體衰，經家屬及醫師詳談後辦理自動出院，自行在家照顧，就像從前的農業社會。後來病人安詳地過世，家屬也很滿意兩全其美的結局，沒有被經濟負擔壓得透不過氣。

誰說久病床前無孝子？當然也需要集思廣益，多方溝通與配合，有時不妨商請社工師來幫忙，尤其是真的窮困的家庭。

每家的困難各不同

其實家家有本難念的經，有時外人很難一窺究竟，畢竟平安順利並不是每個家庭都能擁有的福氣，因此很多人遇到逆境時，都可能有心理潛在的機轉。

一位醫院的同事，有天帶她父親來看嚴重貧血，雙腿行動遲緩，快七十歲了，加上最近體重減輕很多，當然一下子就懷疑是不是有癌症，或肝藏、腎臟的疾病。檢查的結果，發現她父親罹患腸癌合併肝轉移，我發現那位同事異常鎮靜，並未太過於驚訝，或許已經心裡有數了。

返診時她告訴我，她父親在他們年幼時即棄家不顧，後來連生活費也沒有寄回家，母親到工廠上班，含辛茹苦把他們姊弟三人扶養長大。二十多年不聞不問的日子都過去了，在他們心中早將父親遺忘，然而現在回來找他們的，是又老又病且一無所有的父親。該如何討論治療計畫呢？我把病情解釋清楚，讓他們商量。

她的憂傷掛在臉上，眼神期待病情改善，還不時泛著哀怨的水光，問我下一步怎麼辦。我說化學治療或可延長一段日子，疼痛處理以及營養問題的改善也很重要。她點點頭，我知道當女兒的，也會心疼。

後來她不到門診來了，在醫院裡遇到她，問她到底怎麼回事，她覺得父親一輩子都沒好好照顧家庭，這一點她沒辦法原諒，心裡想但做不到，姊弟們也不支持。有時她覺得很罪惡，父親已經又老又病，但還是沒辦法原諒他的過去。**最後，他們全家決定不住院，到醫院拿藥就可以了。兩個月不到，他們幫他善終，送他最後一程。**

我想這大概也算圓滿的結局，全家還是團聚，人生也走完了，恩恩怨怨也是船到橋頭自然直。心裡突然想起葛利格的蘇爾維格之歌，「春天不久留，秋天葉要衰……」

敬天、惜緣、納福

我必須說明，目前的社會存在一種奇特現象，就是不會謙卑，不懂敬畏神或耶和華。有的病人死裡逃生，病情大大改善，不感謝醫護人員也就算了，偶爾還會在門診旁，或回去與朋友大談風涼話，消遣醫師大驚小怪，沒那麼嚴重還讓他們住院、做那麼多檢查。

他們的心裡其實是相當逃避現實的，內心也知道病得不輕，只不過病情恢復以後就向別人炫耀他身體很好，不會這麼倒楣，得到一種差點死亡的重病，藉由消遣醫師以減除他不愉快的恐懼。這種病人若下一回生大病，或許就要哭天搶地了。

也有一種很自負又很鐵齒的家屬，自以為很懂醫學，醫師來診視時就站遠遠地，語氣冷冷地，一副財大氣粗的姿態，從來不關心病人的感覺。就連病人想與醫師親近，多談論一些問題，他們也覺得沒有必要，反正向護理站影印檢查報告與數據，自行判斷就可以了。他們覺得醫師若是有辦法，病情早就改善了，也不會拖拖拉拉的。

這種家屬就像一隻惡犬，「先生緣，主人福」，為何連這點道理都不懂呢？難怪耶

穌認為有財勢的大地主，他們要進天國比駱駝穿進針孔還更困難。

我想，基本上這些地主不相信有天國，他們眼中的錢財才是幸福的保障，當他們被帶下地獄將要哀號。財主的妻子生病時，財主仍然看不破，以為財大氣粗才是對的；當財主本人生病時，他的兒女們也同父親一樣財大氣粗的話，生病的財主就要哀號了。因為金錢治不好他疼痛的肉體，驕傲怎麼能戰勝死神呢？愈是居上位者，愈需謙讓才是。

自言自語、囈語

有些病人在臨終之前常會看到、夢到已過世的親人（多半是至親），並且互相交談。照顧病人的護理師或家屬偶爾會看到此情景，一般是發生在夜裡，然而病人通常處於半睡半醒狀態，相當然似被催眠的狀態。

這到底好不好？我們不得而知，精神科醫師會診斷為譫妄；佛經《地藏菩薩本願經》曾提及此狀況，認為是地府陰煞化妝為親人前來誘惑、牽引。而《地藏菩薩本願經》之〈如來讚歎品第六〉也曾記載：「或夢或寐，見諸鬼神乃及諸形，或悲或啼，或愁或歎，或恐或怖。此皆是一生十生，百生千生，過去父母，男女弟妹，夫妻眷屬，在於惡趣，未得出離，無處希望福力救拔，當告宿世骨肉，使作方便，願離惡道。」

報載諾貝爾和平獎得主德蕾莎修女在重病彌留時，也發生類似靈魂困擾的事。我們知道她修行很好，嘉言懿行為世人表率，為何發生諸如此類的異象，恐需進一步探討。我個人認為，臨終前的病人已經進入時空轉換的軌道，靈魂常與不同的（尤其是過去的）時空接軌，靈魂的磁場受到干擾，類似接受深度催眠狀態。

又有人平常樂善好施，端正潔淨，發菩提心修諸功德，奉行佛教精義，又以善根迴向願往西方淨土，一心念佛晝夜不斷，臨壽終時，佛與諸菩薩迎現其前，這些在《佛說大乘無量壽莊嚴清淨平等覺經》第六卷已清楚記載。

實際上臺灣有許多正信弟子，在他們臨終之時，不犯身、口、意三業，不貪生怕死，而一心念佛乃至辭世。他們臉上呈現莊嚴的法相，淡淡平和的面容，就像睡著的人一樣，或許可以說在意識的終了，仍能露出慈祥恬淡的微笑。為什麼呢？因為**內心平靜，不怕、不拒、不求，雖未必修得正等正覺，但也得平常心與清淨心，一切看**

開、看淡了，又哪怕死後將往生何處。

所以臨終一念，在莊嚴的佛號中。他們所觀想、思索的意象，就是眾菩薩迎現其前。我想，篤信基督教的人，應該也一樣，眾天使與耶穌出現於病患的觀想之中。

我倒不認為這是精神醫學所說的虛幻的錯覺，因為如果是幻覺，應該是千變萬化、毫無章法，不會像這樣，理智清楚又能與家屬溝通。這些異象只有親身經歷過才會相信。

交代後事

交代後事的情況也很多，有些病人是重病、身體情況不好的時候交代後事，以免有一天陷入昏迷、無法言語時，許多事無法交代清楚而成為遺憾。所以有的病人會在臨終前三、四個月交代後事。

有些病患卻是外表看起來好好的，甚至讓家人認為病情大有改善，並在這時候交代後事，然而過沒兩三天，病人就過世了。我們不能說他突然過世，而是病人自己早有預感，在生命終了留下最後的遺言。

《路加福音》記載，耶穌在被猶大出賣前幾天改變了容貌，似乎有光環映著他慈祥的臉孔，又似乎有鴿子貌的天使立在耶穌的肩上。釋迦牟尼佛在臨終前也同樣顯現異常光華莊嚴的容貌，弟子見狀大為驚訝，似乎在散發各種能量；許多得道高僧在行將就木之時，也都有類似的情形發生。

同樣地，病人在迴光返照時也會特別呈現好的體能與情緒，比較健談。我行醫過程中也見過少數的病人死亡過程中有此類能量的釋放，連家屬也嘖嘖稱奇。其中有個共同點：往生者無不欣然接受死亡的來臨，他們只是順應生命的變化，而毫不留戀人世。

耶穌與佛陀都曾交代後事，佛陀交代大迦葉為首座弟子，為撰寫「佛經」的第一次大集結，而首頁必以「如是我聞」作為信物。

同樣地，耶穌也在最後的聖餐中交代十二位門徒，並暗示猶大出賣祂，以達成經上所云的種種預言。耶穌也依聖境預言一般，逐步實現他的理想計畫；也預告彼得，在雞鳴之前必三次不認主耶穌。如此為祂第三天復活做了很好的安排與準備。

所以交代後事在臨終的過程是很普遍的，知道大限已到的病人，多半會交代後事。

迴光返照

為何會有迴光返照？其實這是人體最後能量的集結與釋放，然後再歸於寂靜。

垂死天鵝的歌聲最美、最哀怨，例如舒伯特的第八號交響樂《未完成》、柴可夫斯基的交響曲《悲愴》、莫札特的《安魂曲》、馬勒的《大地之歌》，都是音樂家們臨死前最後的遺作，淒美動人，充滿了熱愛生命的情感、與世訣別的悲愴。我認為有情有為的人，在生命末了，自然有特殊專注的反應，就像燈泡在燒壞之前，會因為電流增強而大亮一樣。

諷刺的是，有些家屬或許不認為這是迴光返照，以為病情好轉，或因此出院回家靜養，而不幸在家中辭世。若因此對醫療院所產生抱怨或責備，造成醫療糾紛，那是不對的。

醫師在面臨重病病人有不能解釋的病情變化時，應該要特別小心判斷，以免造成病家過度期待，又過度落空的尷尬場面。

我們應如何來看待迴光返照呢？首先，應先詢問病人的病情有沒有改善，**若臨床的理學檢查與影像生化、血液的檢查都有進步，才是真的病情好轉；若健康的基本面沒**

有改善，只是精神變好，那並非真實的進步。迴光返照只是生命結束前，儀容短暫變好的代名詞。通常迴光返照不超過一星期，若科學儀器檢查與體能改善持續下去，那麼病人是在復原中而非迴光返照。

病人的修德功夫深淺也有高低不同，有些病人迴光返照不明顯，甚至不曾出現過，例如：加護病房的患者往往病況急轉直下，從來未曾改善過。有些病人的病情時好時壞，連醫師都不易判斷。

七魂六魄不在身上

有位淋巴瘤的病人，身上的淋巴腺腫瘤時好時壞，長長停停，後來身上淋巴結在很強的化學治療下，從外表及理學檢查都看不到、摸不到，胸部X光也檢查不到，腹部亦平坦正常，然而病人表情呆滯，照了大腦的電腦斷層也是正常。病人家屬問醫師，到底是怎麼一回事？原來淋巴瘤細胞進入骨髓，或許也進入腦脊髓液，白血球高達四、五萬，也就是骨髓內有九成的淋巴癌細胞，病入膏肓。

然而我們也經歷過不少血癌及淋巴癌的病人，他們的表情不至於如此木訥、呆滯，檢查過血糖、血漿中鈉、鉀、鈣、鎂的濃度都正常。然而四、五天後的一個半夜，病人與世長辭。

癌症末期或肝硬化、肝癌合併肝昏迷的病人，此時做化學治療或急救都是沒有積極正面的意義，我們不會建議將長期治療無效的癌症末期病患送到加護病房急救。

對末期的癌症病人做最後的化學治療是不符合醫學倫理的，因為對於ECOG體能量表（見51頁註1）三、四級的病人而言，幾乎已經絕對臥床，是不可以施予化學治療的，以免病人或許因此加速發生敗血性休克、呼吸衰竭、腎衰竭、肝衰竭等合併。但我們往往發現，有些家屬仍希望在最後一刻繼續做各式各樣的化學治療，這一點仍需要醫學界對民眾做更多的教育。

我在審核高額健保時，曾經發現許多癌症病患在末期時，接受一系列反應不甚理想的化學治療，裝上呼吸器，送入加護病房，最後死於加護病房。如何審視無效醫療，需醫病雙方溝通，健保端也會加強查核處置必要性與合理性。

或是將癌症合併不明熱（Tumor Fever）者，做了很多細菌培養，用一大堆抗生素治療，排一堆高科技的影像檢查，輸很多血漿以維持體能，或給予靜脈營養。諷刺的是病患要求出院，回家靜養等候死亡，甚至煩躁不安，或變成不張眼、不說話、消極抵抗，然而家屬與醫師卻仍選擇繼續積極治療，也不送病人到安寧病房。這樣做，也是家屬變相剝奪病人的自主權。自從民國一〇八年，臺灣立法通過病人自主權法，就必須尊重病人意願的選擇。

七魂六魄不在身上的病人，顯然已進入死亡的過程，我們難道不能觀察到這點，給病人更多的自主權嗎？我們口口聲聲不傷害病人，但做出來的卻是違背病人自主權，讓病人受更多肉體的傷害及身心的折磨。醫學的正義原則到底是什麼？過之適足以害之也，同儕應如何建議才能不落入個人主觀的偏見？

現代醫學強調實證醫學，例如實證（Evidence），或是文獻的數據（Database）。相對地，非實證醫學指的是中國傳統醫療，多半是依經驗診治，然而對死亡的過程很難有好的實證。

其實，實證也有第一等、第二等、第三等程度上的高低、可信度好壞之分別。我們行醫，所依據的當然也是數據庫。說穿了，實證醫學也是一種商品包裝，現在所言的證據，十年後可能被推翻。免疫學如此，腫瘤學更是如此。有些物理學諾貝爾獎不也是實證科學嗎？照樣被後來更新的學說推翻。

現代醫學大概百分之九十九的資源用在研究抗老及逃避死亡，只有不到百分之一用來研究死亡的過程或比較理想的死亡方式，就連臨終的異象都被打入幻聽、幻覺的精神異常領域。

統計上，癌症或末期的病人有六、七成都有類似的異象，而一般心臟病、肝、腎重症病者約占兩成有臨終異象。這個比率看來，已經算是很常見的，所以你我都有機會將在未來發生類似的情形，這絕對不是精神病，只是死亡前短暫的身心變化。

每位病人生前的修為不同，業力與果報的影響不一，靈魂進入時空轉換的順利與否，也受人格特質而有不同的調適，這一點分析是超越一般腫瘤心理學所能舉證的。假若我們能為臨終的病人做催眠，或許可以看出一些端倪，我們看到臨終的異象，只是點出病人生命的終點已到，就像變紅的楓葉隨時都會飄落下來，是一樣的道理。

第七章

無・痛・無・憾

安樂死，真有那麼可怕嗎？

無痛無憾——
安樂死，真有那麼可怕嗎？

安樂死一直是生死的重要議題，人究竟有沒有自由意志來決定結束自己的生命？如果安樂死立法，又該注意哪些原則？

安樂死有它存在的道理，要看當事人的痛苦是否到了不可忍受的程度，最後還是要回歸到病人的意願。

但換一個角度想，如果一個人有能力克服死前的煎熬，很好，這是他修得的功課。死前的痛苦是必要的，可以讓一個人進行自我反省，那個經驗很寶貴，不管是喜樂、悔恨、痛苦，都有宇宙自然神的旨意，在最痛苦的時候才能悟出最深的道理。人生愈走到盡頭愈重要，就好像表演單槓的體操選手，在下槓的那一刻，動作也要列入評分。

安樂死真有那麼可怕嗎？

很多學者及宗教家對安樂死（Euthanasia）提出不同的看法，有人認為唯有上帝可以創造人，決定人的生死，而人不具這種神聖的權力，人不可以越過神的權柄。其他關於基因複製人、複製器官、墮胎、代理孕母等議題，也是意見相當分歧。

以生命倫理學來看，我們能不能刻意中止病人最後痛苦的餘生？安樂死是人逆天或不人道，但符合人性？是竄改上帝的旨意嗎？

對於死刑，不同社會做法也不同。我們的社會依法可以判犯人死刑，然而有些西方國家主張廢除死刑，因為人不可殺害上帝創造的生命，尤其是人類，因為人與動物不同。

其實我覺得，純粹講「依法」是可以害死很多人、傷害許多弱勢團體的。因為他們

不懂法律，更不會曲解法律來鑽漏洞。在一堆惡法下，病人病得這麼痛苦，甚至痛不欲生，他還不可以尋求安樂死。

一些法律學家、宗教家雖同情受盡癌症疼痛煎熬、折磨的病人，但卻主張安樂死於法難容，形同殺人罪，或也會曲解為蓄意、計謀、有計畫、有組織的殺人。很多人一輩子在玩法律，卻不見得救過人；幫助過良善的人，反而害了很多弱勢、不諳法律的人。

為何安樂死那麼可怕？每天有成千上萬的病人痛苦地死於癌症、愛滋病，難道沒有人道的方式可以適度地開放安樂死嗎？

依生命倫理學的四大原則來看，或許我們應重視這問題，適度開放、妥善管理，就如同腦死與器官捐贈的立法一樣。四大原則包括：

一、尊重病人自主權。

二、不傷害原則。

三、行善原則。

四、正義原則。

病人的自主權vs.不傷害原則

當然，所有的醫療行為最好是全部符合生命倫理學的四大原則。然而從病人的角度來看安樂死，與從醫界或法界人士的角度來看，就不相同了。

若我們能採尊重病人自主權的原則，就等於與病人站在同一邊，不會坐視即將死亡的病人受盡痛苦的折磨。

若從不傷害原則來思考，肉體的傷害與心靈的傷害，孰重？

病人痛不欲生，依賴呼吸器維生，甚至無法言語，這種悲慘的餘生，比坐死牢不知痛苦多少倍。

我們口口聲聲關懷人，卻繼續讓病魔折磨更久，醫學以種種科技延長病人的殘破生命，實在是加強、加深、加長傷害病人。

衛道之士或許不同意這種看法，我們也不能說他頑固，但是美國西部電影中所謂的「人道精神」，是當場射殺一匹跛了腿的馬，因為那匹馬已廢了，或是中彈了，五、六天後才會死。為了縮短牠的痛苦，所以將牠射殺。為愛惜馬，憐憫那匹馬，美國人射殺牠，這難道不是「不傷害原則」？

衛道之士或許會說看在上帝的分上，一匹馬好歹也是真實的生命，我們有什麼權力射殺一匹為我們賣命的馬，我們不是應讓馬住院，為馬打嗎啡，讓馬慢慢死才對嗎？假若那些反對安樂死的人，他們得到癌症也是痛不欲生，極端受盡折磨，你們猜猜看，那位仁兄會不會要求，甚至懇求讓他安樂死？

什麼是行善原則？社會上大家都知道有偽君子，鄉愿的人滿口仁義道德，私底下盤算的盡是對自己有利的；正人君子反而很少發言。孔子說：「巧言令色，鮮矣仁。」漂亮話、得體的話，誰不會？有表演天分的人可以說得讓人雞皮疙瘩掉滿地。

行善原則：從腦死與器官捐贈看安樂死

我認為，對病人而言，**行善原則是以病人的最大權益來考量。**要注意的是，確定病人已快死了，延長生命並不能為他們帶來任何好處，反而早死早解脫，讓病人早日安樂死，安排妥當，病人無怨無悔，甚至感激不盡，才是為他們最大的權益著想。

行善原則並非做給大眾知道，行善原則是專門為病人設想的。我們可以有條件地執

行安樂死，並同時可以杜絕壞人利用這個法條來傷害人或謀財害命。

我們的法律同意醫界判斷病人腦死，並捐贈器官，換另一個角度來看，不也是違背上帝的旨意，人類自行作主，提早結束腦死病人的生命？更何況腦死後捐贈器官也不全然病人本身有全程參與，有很多是家屬代簽，因為腦死的病人自己不可能簽字同意DNR（拒絕心肺復甦術，見67頁註1）。

然而，安樂死卻必須由病人自己親自簽字同意。世界上有弊端的法條太多了，我們何必畫地自限，因噎廢食呢？

正義原則：從墮胎議題看安樂死

若以第四點的正義原則來看安樂死，以上帝的角度來看正義，以及從人的眼界來看正義：正義必須是善良又公平的才叫做正義，正義不一定得到益處。

明辨是非善惡，以公平的方式來解決人的事情才叫做正義。安樂死當然也是符合正義原則的，神學家立場或許有微言，或許可稱之為批評。然而，若重新審視「墮胎」

這個老問題，先不談未婚生子、受強暴後懷孕等等，而是談在子宮中的胎兒四個月大時，被診斷有嚴重腦缺損、先天性心臟病，可能出生後幾個月就會夭折，或到十歲前有中度智障的可能，或重型海洋性貧血、蒙古症……我們能為這位孕婦中止懷孕嗎？

目前臺灣是全世界產前基因篩檢做最好的，尤其是ＳＭＡ脊髓性肌肉萎縮症，若篩檢陽性，需中止懷孕。大家想想看，這名懷孕女子需要再懷孕五、六個月，或許會發生懷孕末期之妊娠毒血症，或許有產後大出血的危險；加上嬰兒出生後龐大的醫療費用、照顧的心血、受創的心靈……誰來關心？

社會學家只會說：「大家多關心點。」心理師說：「你要堅強一點。」社工師說：「國家並未有經費援救你的小孩，自行負責醫藥費吧。」鄰居說：「真可憐啊！」你必須上網或到哪幾間醫學中心，或飛到國外去求救。嬰兒畢竟還是你親生的骨肉，我們能說不嗎？我們可以把嬰兒送給宗教家養育嗎？如果他們堅稱生命是上帝的恩賜，畸形嬰兒也是恩賜。

到底正義原則是上帝訂定的，或是人定的？或只是多數平凡人、正常人站在病人的立場，看整個事情長期的發展與正負面的影響？

法律逼人自尋絕路？

我們看到很多病人，久病厭世而自殺，甚至有些醫師本身罹患無法治療又極端疼痛的癌症時也選擇自殺，甚至是跳樓自殺。從社會報導的角度來看，或許我們只是認為又多了一位不幸的人，可憐他們的遭遇。

然而在這悲慘事件的後面，有誰替這些病人思考：是誰逼他跳樓自殺的？難道不是我們的法律不允許安樂死，而逼他走上絕路嗎？

我們知道基督教不允許教徒自殺，因為神父及牧師認為自殺者無法進入天堂。那麼一些受不了病魔的摧殘而自殺的，假若他們進不了天堂，我們是不是間接地背負了擋人入天堂的罪名，他們或許是非常傑出的人才、忠實良善的基督教友，甚至是我們身邊的親朋好友。

我們聲稱尊重病人的自主權，但我們未曾給予病人對生命如何落幕的尊重。

大多數的人懷著鄉愿的想法，不想惹是生非、遭受太多爭議與批評，於是這麼想：世界上法學人士那麼多，他們是上帝的代言人，我們只是平常人，哪有我們說話的餘地？一批人死了還有一批，每天都有這麼多癌症的病人含痛而死，天天都有，日子

還不是一樣過去，為何需要立新法來允許安樂死？多做多錯，少做少錯，怎麼做都會有人不滿意的，又何必去背負離經叛道的罪名，與法界人士、神職人員作對？睜一隻眼，閉一隻眼就好了！……

衛道人士的鄉愿行為

世界上沒有公義的事太多了，麻木不仁者比比皆是，多數的看法才是正義。西方世界的實用主義與功利思想者認為沒有真正不變的真理，只要問能否變成有用的東西（物質），能否創造多數人的利益與幸福。多數人就是對的，不管對與錯，少數就要服從多數。

誰叫這些少數人並未對安樂死請命，也無法說服多數人看清楚安樂死的本質，是對少數中受折磨而痛苦不堪的人的一個恩賜，允許他們無痛、平和地離開人世間。這些少數中的少數，他們求生不能，求死不得，有些病人還曾是社會菁英分子。他們的哀號早就被世人的口水淹沒了。自殺也算一種無言的抗議，至於上不上得了天堂，或許他們已經不在乎了。

歷史會證實這一切的，倘若將來有一天某個大國將安樂死通過立法後，勢必有許多國家的輿論起而仿效。那麼回顧這一段歷史，這些衛道之士所做的鄉愿行為將被公斷，我們應勇敢地面對道德良心的挑戰。在此之前，相信很多人保持沉默，不敢面對強大衛道之士的壓力，但他們心知肚明，什麼才是真正的正義，只不過在等待時機，期待另一次改革與道德的重整。

反過來思考，假若安樂死合法化，有條件地、有限度地開放，到底會發生什麼弊端，讓有心通過立法的人躊躇不前呢？因為很多法條都有漏洞，又有些人特別會鑽漏洞，可能假借安樂死來謀財害命，獲取龐大的遺產或公司經營權。

但我們面對腦死而同意捐贈器官時，不也是一樣嗎？我們卻不稱之為善意殺人。雖然腦死的病人可能可以再活上一星期，然而死屍的器官不如活著的器官保持完整的功能，畢竟腦死的病人不久將死亡，他捐贈器官、遺愛人間的美意，我們當然願意成全，他也希望器官移植能成功。

那麼，有沒有人懷疑家屬及醫師謀殺病人，圖利等待器官的病人？並沒有。從來沒有人懷疑過，也從未發生過，捐器官的腦死者即將死亡是很確定的，只是死亡的日子

被改成由人為來決定。

有人懷疑過我們的大逆不道、不尊重上帝的決定權嗎？沒有。上帝把治理人間的事情交給人來處理，我們祈禱主的聖名來求；我們憑藉良心、道德與勇氣來處理人世間疑難之決定。我們的分辨、查驗種種決定，也是以神的大能及感應來求的。

試擬安樂死立法的條件

既然上帝讓人類自行決定自己的命運，那麼我們就不應該把安樂死的立法看成是剝奪病人的生存權；不應把這種立法的精神看成超越了神的能力。反而我們應以天使的角色，想辦法來幫助這些受苦受難、瀕死的重症病人。

為了防微杜漸，安樂死的立法應採取很嚴格的門檻。

・第一，應確定病人活不過二至三個月

對於病人的存活期，雖偶有例外個案，但實務上仍有一般通則可依大數據遵循。許多化學治療的登錄條件是病人必須有存活三個月以上的餘生，因此訂立在三個月以內，表示病人已不適合接受最新的人體試驗。

・第二，必須是病人遭受極大的痛苦，以此當作評估的指標

由麻醉科專家、安寧療護專家，以及其主治醫師來評估病人所使用的疼痛控制、麻醉藥的用量，是否已達到病人無法忍受的程度，並訂定一個同儕有共識的判斷標準。這些都是可以努力達成的目標。所以病人殘餘生命有限，病情不斷惡化，癌細胞不停地轉移，而疼痛程度愈來愈厲害，這些都可以納入指標。

・第三，由三至五人組成專家小組，來自兩家以上不同的國內知名醫學中心

由專家來評估該病人是否無法藉由當代的最佳科技改善病情，並依國情加以調整判定。若病人尚可能接受新的科技，可以改善病情，延長三個月以上的生命，那麼我們理應排除在安樂死的條件以外，而且可以相隔一至二週再做另一次訪視及評估。

若病情持續惡化，病人仍有相當嚴重的疼痛，而且病人及全數的家屬都同意安樂死，那麼專家小組可以做成符合安樂死之共同決議，再以具法律效力之安樂死同意書，由檢察官或律師同意背書、簽發後生效。其中應載明詳細理由及執行安樂死的方法與時間，然而病人或法定代理人有權利在執行安樂死之前提出覆議，中止安樂死之執行。

綜上所述，癌末病人安樂死的條件是：

1. 預估病人存活的時間不超過三個月。

2. 病情持續惡化，心、肺、腦功能缺損，且身體活動能力降至ECOG量表Ⅳ三級，或卡氏量表三十分以下。

3. 疼痛相當嚴重，難以有效控制而病人飽受身心折磨。

4. 專家評估已屬末期重症或癌症，且無相對有效的治療方法。

5. 病人、法定代理人及全數家屬同意。

6. 簽署同意書並請律師背書。

7. 在檢察官或相關單位監督下執行。

8. 病人可以隨時反悔，並收回同意書。

反彈聲大，需要的聲浪也很大

對於安樂死，反彈的聲音很多，包括宗教界及法學界，而醫學界持贊成的意見比較多。當然，我們必須防止弊端的發生，我想將來有一天這些問題會被釐清，同時需要安樂死的聲浪必然會愈來愈大。因為癌症病人愈來愈多，在其他疾病得到控制之下，多數人最後的死因皆與癌症有關，到那時候，人們才會覺醒，意識到需要為安樂死立法。

其實每個重症的病人也不應避談死亡。應在精神科醫師、心理師協商之下，對健康、生命、人生哲學做一個團體治療（Group Therapy），並給予協商、教育的課程，這才是先進國家應有的制度。

放眼國內的醫療照顧、安寧療護、癌症中心、護理之家、安養中心，都缺乏相關人力、物力的投入。人生觀點不同、宗教信仰迥異，加上儒家避談生死，而道教神鬼之

說深植民間，要如何整合、如何發展也未見有關權責機關或政府積極的支持。

或許有人會說：「中國人五千多年的歷史也沒有學者談安樂死，為何我們需要這種制度呢？一切順其自然就好了。」那麼幾千年來，烈女之貞節牌坊仍立在城牆邊，又哪需要近代倡議男女平權、女男平等呢？幾千年來受苦的人那麼多，是靠近代少數人出來關心、提出對策，才改變了女子幾千年來不幸的宿命。

我在此只是拋磚引玉，希望有一天社會賢達及大有為的政府，在物質生活隨著工業化提升後，能夠有效落實心靈改革、安寧療護的重大改革。或許如此才能真正杜絕醫療資源浪費、醫療糾紛之對立，讓病人可以無怨無悔、無痛無憾地走完人生全程。

君不見多少癌症末期的病人輾轉治療，終年住在醫院，衛生福利部健保署付出了巨大的社會資源卻可能換不到民眾的體諒，這才是無形的浪費。

至於非癌症的慢性失能性疾病患者，如心、肝、腦、肺部疾病，若因需要全天候依賴他人照護，身心靈受到極大煎熬，且持續惡化，但又未符合「生命不超過三個月」的條件，那麼在有專業意見可供諮詢下，或可選擇以斷食及自我減少維生支持，來達成安寧及善終之路。

第八章

安·魂·的·理·由

尋回失落的環節

安魂的理由——
尋回失落的環節

有人覺得在科學昌明時代還談生死玄異是落伍的，但我並不同意。

儘管許多科學領域都有開花結果，我們卻仍很難破解生命的很多奧祕，比如我們還是不了解DNA的奧妙，同樣地，我們也還無法製造出只有單一細胞如此最簡單的生命。

死亡學始終仍舊披著神祕面紗，使人無法一窺究竟，很多從鬼門關走一遭又回世間的人，他們都有很大的感受，不再避談死亡，而且對生命有更進一步的認識，更能惜緣、珍惜生命的每一天；他們也大都將心志寄託在宗教上。這更印證了《腓立比書》之至理名言：「我活著就是基督，我死了就有益處。」

那麼，如果死亡來得太突然，讓亡者不知自己已往生，這時，該如何補救這個過程？

尋回失落的環節

我認為人是有永生的，這並非信者恆信，不信者恆不信的謬誤，世上有真理，有公義，如同善有善報，惡有惡報的法則。有一些人卻沒有時間面對自己的死亡，也沒機會整理或被告知，因為一切來得太突然了，以至於無法理解生命是如何結束的。例如：車禍或其他交通事故、睡夢中被射殺的人、在外科手術中過世的病人、因糖尿病酮酸中毒而未曾清醒過的人、因施打毒品而呼吸麻痺的人、因不當使用瓦斯而一氧化碳中毒死在浴缸裡的人，或是嬰兒猝死、老人腦溢血式的中風等，都屬於無意識中進入死亡的過程。

這些人的死亡原因會造成什麼樣的結果？他們瀕死中的靈魂又有何種遭遇？

若死亡的過程很重要，臨終者對生命的觀照很重要，那麼他們是否在這裡遺漏了一個環節？

從中國人的傳統觀點來看，上述這些情形可稱之為意外死亡，道教的做法是必須為亡者做一些法事，讓亡者的靈魂可以目睹整個活動，藉此可以認知或參與自己死亡的過程。

依通靈者的講法，有些意外死亡的人，他們並不知道自身已經死亡，靈魂仍留在現場不知何去何從，是故做法事者，不論是道教或佛教都需從事故的地方（如車禍肇事地點），將亡魂牽引回告別式的式場或家中大廳，安其靈位，並為亡者做超渡儀式或法會。其主要目的在於告知死者確實已亡故，引渡他們的靈魂回到靈肉轉換分離的時空，接回正常之途徑，重新定位，回歸六道輪迴。

佛教則為亡者誦經，盼望阿彌陀佛接引西方淨土，並利用此中陰身階段，努力聽誦佛經，如《金剛經》、《般若波羅蜜多心經》、《地藏菩薩本願經》、《佛說阿彌陀經》、《往生咒》、《大悲咒》、《爐香讚》等，與佛感應，發願跟隨。在臨終之時，善男子、善女人也可利用中陰身開悟修成正果。

所以說，佛教徒是很積極的，往生者頭七至三七必須有密集課程來代誦佛經，算是生前努力不夠，死後多加補習以跟上學佛開悟的腳步，如此方能捨得、放下、不執著，才不至於成為陰陽怪氣的不良磁場。道教的做法也類似，也是勸亡者放下，牽引亡魂一路好走，好聚好散。

安住人生的不圓滿

實際上，人死後靈魂的轉換是否如上所述，雖缺乏有力之考證，然而有誰會去詰問老奶奶古老的傳統怎麼來的？畢竟許多經驗是世代相傳的傳統，基督徒個人的見證與聖靈相通的見證也多屬此類，沒有不同。

世上流傳未被超渡的亡靈，引起人鬼不安的傳說，總有一些是無法圓滿的，多樣的人生體驗就這樣世代流傳。面對生命的終站，多一分認識也多一分準備，畢竟困難的課都需要預習才能學得好。

宗教常被認為是一門談死亡的哲學，事實也是如此。許多人面臨變故，往往墜於惡口、兩舌、妄言，常驚恐不安，顛倒夢想不得清淨。《佛說大乘無量壽莊嚴清淨平等覺經》中，〈往生正因第二十五〉提到，人臨終應一心清淨，端正身心，絕欲去憂，不當嗔怒嫉妒，不得貪饕狐疑。當信佛奉持，晝夜常念，精進早晚，求道不休，才得往生清淨佛國。所以說無論身處何處，臨終之時功課很多，尤其不可以失落重要環節。

二〇〇三年中國、香港及臺灣、新加坡兩岸四地發生SARS（嚴重急性呼吸道症候群），許多病人逝世後家屬不得見到，遺體二十四小時內就被送往火葬，此時臨終的SARS病人很難一心清淨，事後便須行補正之道。

二〇一九年心冠肺炎全世界大流行，不到三年，將近六億人被感染，死亡人數超過六百萬人。其中，多數死者連法會、告別式都未舉行，便以防疫理由迅速火化，家屬亦未得見遺容。這也是安魂中失落的環節。

第九章

最·後·的·尊·嚴

打造有愛的人生終點站

最後的尊嚴——
打造有愛的人生終點站

人生走到了最後一段路時，怎麼樣的照顧才是對病人最大的關懷，又如何讓病患走得安詳又有尊嚴？

現代人很忙，E世代的人更忙，忙著看方盒子、看資訊、找尋賺錢的機會，週末則忙著玩、上網，或到PUB去瘋狂、參加派對去搖整夜的頭。現在的社會是為生活而活，活得很充實、很忙，什麼資訊都有，但是對老、對死卻置之不理。

面對人生的終站，大多數人不太重視，隨便應付，更不用談如何處置。相較於現代年輕人對結婚的精心設計，實在是天壤之別——光拍結婚照或是辦喜宴，就要花費年輕人大部分的積蓄，為人生最美、最年輕的容貌做一個刻意妝扮的寫真，每個人看起來既像電影明星，又像王子與公主，一切都沉醉於童話故事中。

現代人老後被送入安養院、護理之家已算不錯了，有誰關心臨終環境？老年人已沒有組織能力、行動力，只好任憑家屬安排。有的被通知接回，將死而未死的無意識老人回家後仍未斷氣，安放在大廳中央，不吃不喝等待死亡；有的住家公寓太小了無法安置，於是從急性病房轉慢性病房，三人一間或六人一間的普通病房，在嘈雜的環境中度過餘生，沒有隱私也沒有尊嚴，像赤裸裸被扔在菜市場。老人啦，沒有用了，幹麼還浪費銀子？

年輕人總有他的盤算，甚至有的家人不到醫院照顧，也不接回家中，一星期見不到一次面，以某種角度來衡量，以高的道德標準來看，也算是一種精神上的棄養。中國古人說：「父母在，不遠遊，遊必有方。」至少父母病了、老了，子女應隨侍在側，方能回報養育之恩。至少我們應該提供臨終者一個比較好的環境，讓他們平靜安詳地辭世。

家是最好的人生終點站

有一位爺爺八十四歲，得到第三期的惡性淋巴瘤，起初病得嚴重，腹水、肋膜積水、裝著氧氣管，在醫院接受化學治療。他育有三男、三女，除了最小的兒子在美國外，其餘都在臺北。所以子女們成立照顧群，除了僱請看護工外，他們兒女與媳婦分成四組，白天夜晚輪流換班照顧。而且還有一本病房日誌，每隔二十分鐘登記爺爺的狀況，例如：何時打化療、何時輸血、三餐內容與健康食品為何，化療藥水、排便狀況等詳細記載，完全不亞於護理紀錄。因為二媳婦本身就是護理師，每次輪班的人都可以清楚爺爺目前的狀況，以及治療上的進度，包含何時檢查，又該注意什麼。

我覺得這位爺爺福報真的很大，有這麼多孝順的子孫，真是令人羨慕，這輩子也值得了。

銀耳燕窩也比不上孝順的子女圍在身邊。他們家人說話也很幽默，所以老先生的病情愈來愈好，腫瘤的消褪緩解也比一般人來得快。後來老先生說起自己的故事，道出他年輕時在農會、水利會的一些陳年舊事。每當老人說起他自己的往事，那種心頭的甜蜜全寫在臉上，蒙上一層健康的紅臉頰，想想他小時候一定也是這副可愛的模樣。

《安寧會訊》曾有一篇報導：一位老阿公是做墓碑的，罹患胃癌，多次進出安寧病房，個性平和安分，對事無怨無悔，後來他變得面帶愁容，常夜裡驚恐地說夢話。在病情惡化進入彌留狀態時，他變得煩躁不安，口中喃喃自語，大吵大鬧著要回家，子女們未曾看過阿公有過這樣的反應而遲遲不敢做決定，而阿公變得更躁動，似乎符合精神科醫師譫妄的診斷。

後來家屬決定將阿公帶回家，安寧居家護理師卻發現阿公精神奕奕地坐在舊式四合院大廳的椅子上，眼神亮亮地直視著大廳前方，家人在著手後事、聯絡其他的親友，忙成一團，有的家屬則在一旁哭泣，阿公卻獨自一人坐在大廳，看似落寞又與世隔絕般靜坐，沒有與任何人互動。安寧護理師前去探視阿公，阿公也沒有回應，直到她發現阿公在注視院子裡大小形狀不同的墓碑。

原來老阿公是做墓碑的，那些是他的傑作，阿公開始奇蹟般地侃侃而談，述說每一個墓碑的故事，他變得多話起來，直到他耗盡體力睡著為止。

當天晚上阿公起來，要交代子孫後事，並要求家人將他的床推到門口院子裡，看墓碑，看星星、月亮。安寧護理師竟也被通知趕到他們家見證一切，一大家族的人或坐或站或蹲地圍繞在阿公身旁，恬靜又溫暖地陪伴阿公，他們之間沒有言語互動，有的只是濃濃的親情，阿公就這樣安詳地走了。

有時我們竭盡所能地呵護及照顧病人，但往往會忽略那些是不是他們真正需要的，還是只是滿足身為家屬那種不捨、不願接受的逃避與虧欠的感覺。當臨終者表示想回家安度最後的日子，我們是否應認真考慮，不要為了種種理由把他們綁在加護病房的床欄杆裡，那才是真正的沒有尊嚴。

臨終者自己的選擇最重要

親屬往生是家族重大聚會與團結的時刻，每個家族成員應樂觀其成，以和為貴。宗教都是勸人為善，正信的宗教都是很好的，我們應尊重而不該有分別心才好。

這個時刻最重要的是臨終者自己的選擇，自己若有決斷，請族長耆老出面協調幫忙，那麼事情就好辦多了。其他持不同意見的子女或親屬最好少批評，以免破壞家庭和諧。

傾聽應包含立遺囑，由臨終者決定分遺產、遺物的方式，或有族長（如叔伯、長

子）、法定代理人之陪同，或律師之出面來解決合理的分配方式。遺產愈多愈複雜，例如：土地、房子、公司動產、股票、存款、成立基金，或管理人代表等，上班族或農家子弟的問題就相對單純多了。

中國人不若西方人有預立遺囑的習慣，若父親先過世，則母親（未亡人）負責分遺產之大權，將來母親過世，則由子女共同協調。這些事情即所謂最重要的後事，攸關子女繼承的權利與義務，應事先說清楚、講明白才是上策。不明不白的做法，是家族的另一種黑箱作業，只會加深猜忌，造成家族之分裂，這點絕不是長輩樂意見到的。

世界上沒有絕對公平的事，每個子女都退讓一些，就沒有解決不了的事。父母養育我們很辛苦，若稍有不公平之處也是一種緣分，做子女的應該歡喜接受。分得少的並非父母親比較不疼惜，而是長輩有他們的考量；手心手背都是自己的骨肉，哪有不疼愛的道理？多半父母親會照顧相對弱勢者，希望最後再幫他們一把，這是天下父母心。每個子女都應在此時感恩，分多分少都一樣，而不是懷疑、猜忌，有不勞而獲的自私妄念。

西方許多大企業家覺得孩子應接受考驗與奮鬥，生活富裕反而心志愈沉淪，所以他們大部分會將遺產捐獻給社會，蓋醫院、資助研究機構、慈善團體，這才是取之於社會、用之於社會的典範。

錢，沒有人不愛的。錢雖非萬能，但沒有錢就無法生存於社會，所以萬萬不能。美國有不少頂尖癌症醫院是由企業家捐獻所蓋的。這些企業家有這麼高的遠見與氣度是很令人敬佩的，沒有他們的捐獻，這個世界的文明可能會落後好幾年。

當我們傾聽長輩的時候，難道不是一個很祥和、充滿溫馨的畫面嗎？中國人所講的隨侍在側才是盡孝道，又怎麼可以忤逆父母呢？一旦家族有了共識，大家都應遵守，所謂家和萬事興。

安排臨終環境一：學習傾聽

安排臨終環境時，基本上應注意：放鬆、祥和與愛，以營造病人清明的觀見，如此方可體會本覺的見性，將可重生信心、滿足、空靈力量、幽默與篤定，也就是希望利用最清明的環境，以理性來面對並整理最後的人生。

家屬可以靜靜地陪伴，讓臨終者順利轉化心境。

我們應相信每個人都有智慧走過這一關，不需要強迫病人聽太多意見。病人需要的是我們的關心，所以我們應學習傾聽。

一般來說，若病人能接受自己大限已到的事實，他們知道日子所剩無幾，心裡總有一些後事需要交代。包括：他們理想中的告別式方式是教會的、道教的，或是佛教的誦經；安葬的方式是火葬或土葬，或是希望進入家族的墓園與長輩或配偶葬在一起，或不希望合葬於同一個墓穴中。有的母親比較長壽，而希望葬在兒子旁邊。

現代人多選擇安放在靈骨塔內，中國人也很相信風水，認為好的風水可以接近樂土又可以保佑子孫，所以好風水的靈骨塔或墓園很重要。然而不同宗教的墓園也有區隔，所以病人告訴子孫應選擇何種告別儀式也是很重要的。

很多家庭成員的宗教信仰各有不同，這一點常常造成許多歧見與困擾，最重要的是家族中有沒有達成共識。

例如：長子篤信佛教，女兒信奉基督教，次子沒有宗教信仰，而母親為民間信仰，但有一些基督徒的朋友。此時女兒的教會姊妹可能會勸女兒傳福音給母親，因為擔心母親沒有信基督、沒有受洗太可惜，將來會失去上天堂得永生的機會，所以女兒回家見到母親就積極說服母親受洗，並接受教會姊妹關心、代禱。當然，她會認為基督教的告別式比較好，然而父執輩都是純樸的農家子弟，以佛教或道教方式居多，家族的墓園也是宗族的，每年清明節整個家族一起掃墓，所以長輩們不贊成病人受洗信基督教。

女兒很鬱卒，也很懊悔在母親健在的晚年，沒有辦法說服她受洗，以至於天人永隔之後無法召回天國，將來更無法在天國同主一起見到母親。女兒又慌又急，情急之下不免拉二弟勸大哥讓步。

這種不同宗教信仰所造成的家庭問題時有所聞，其中又以兄弟姊妹眾多的家庭最嚴重。加上遺產的分配不容易公平，或雖公平但仍有自認為分得少的心理，埋下將來家庭分裂的潛在原因。

安排臨終環境二：熟悉的環境

病人需保持放鬆自在，最好能安置於他熟悉的環境裡。

若病人處於一個陌生、冰冷、機械性的環境，例如加護病房，他們很難放鬆心情。

任何人到了陌生又奇怪的環境都會變得焦慮不安、懷疑、易受刺激、不信任，許多病人在加護病房（ＩＣＵ）會發生所謂的ＩＣＵ症候群，甚至有譫妄、顫抖、歇斯底里、幻覺、頭痛、不明熱等現象發生。有些病人移到普通病房後不藥而癒。

偶爾接到類似的會診單，加護病房的醫師以為是病毒感染或細菌感染引起白血球數目降低、高燒不退，其實那些病人的病情尚穩定，只是在加護病房多待上一天，他們就吃不下睡不著，心情很難平靜。

要判斷這些病人是否患有其他潛在的病或是精神狀態引發的身心症，或是急性精神病，則需要更多的臨床經驗。實不諱言，很多重症病人在這種情況下，身體狀況耗弱，每況愈下直到死亡。絕大多數是住在加護病房的時間過長，無法移除呼吸器（拔管），最後或多或少在多重藥物的使用下引發器官衰竭，院內細菌黴菌感染。其中黴菌感染大部分是伺機性感染，肇因於抗生素的濫用（過度使用）。

很多家屬捨不得病人辭世，雖已知病情積重難返，仍不願將病人送往安寧病房而同意轉入加護病房。其實大多數病人不願意住加護病房，只是他們已虛弱到沒有自主的能力。

或許有人會問，重病的人恍恍惚惚，會在意住在哪一個病房嗎？但若我們深入了

解，病人其實最想回家，雖然回家代表放棄治療，也代表生命的結束。

然而對現代人而言，尤其是健保時代，選擇住加護病房對家屬來講反而比較輕鬆省事，不必負擔繁重的看護工作，而醫療費用大部分是全民共同承擔。對重大傷病的健保病人而言，住加護病房不用負擔差額病房費用，又不用請外勞看顧，對精打細算的家屬是划算的，但他們忘了病人擁有他自己的選擇權。

反過來思考，我們回到非健保時代，若病人罹患絕症，病重住入加護病房，一個月後逝世，醫療費用一百萬元新臺幣，請問多少家庭會覺得這樣很值得？節儉是人性，浪費資源同樣也是人性，只不過是往高或往低看而已。重點是我們有沒有同時尊重病人又衡量醫師的建議。不做急救、沒有機器監看，家人的關心才是最重要的。

倘若因家庭因素、房子及環境因素無法將病人帶回家，而必須住在醫院裡，最好選擇單人床或安寧病房。單人（頭等）病房可以容納比較多的家人來探訪，放一些病人喜歡的照片、音樂（不擔心吵到隔壁床）、書籍、自己收集的收藏品。這樣才是有人性、有溫暖的人生終站。

然而單人房是差額病房，非健保床，有些人經濟狀況並不允許。沒錢，生病是困難的。說實在，只要能看開，將病人帶回家是最好的選擇。

有一些認識比較久的家屬會提出他們的要求，希望真的不行的時候，在生命終了前一星期，他們願意將病人帶回家。我們可以這樣嘗試，並聯絡居家護理配合定期到家訪視，做家庭照護（Home Care）。

家，才是最好的人生終點站。家，永遠是最甜蜜、最熟悉的窩；金窩、銀窩都不如自己家裡的窩。在自己家裡，每人都比較自在，家屬更能發揮愛心、同理心，每個人當然都變得比較能幹。硬體上家當然比較好，但不要忘了軟體，那就是愛心、輕聲細語、一切從容。家裡必須凝聚向心力，這點很重要。

安排臨終環境三：觸摸、表達無條件的愛

每位老人雖然是寂寞的，但他們的內心其實和童稚的心靈一樣，需要被愛。

有些人害怕接觸老人、病人，其實他們最需要家人觸摸他，嘗試了解他。我們醫護人員雖不是他們的親人，但每當我坐在病床邊，握起病人的手，眼睛看著他，跟他聊天，他們變得多開心、放心。因為他們是人，凡人都需要被親近、被疼愛的感覺。

以手握手、以心傳心，心手相連，醫病關係中這一點不可或缺。當然，當病人變得封閉，這些良性的互動也就少了很多，雙方變得沒有什麼話，照章辦事，兩不相欠。有時醫護人員並非如此冰冷，而是有情緒、害怕、不信任、打不開心結。「先生緣，主人福。」醫病關係必須經營，它不是商品，更非單向的業務關係。雙方必須建立起信賴感，你放感情給人，對方同樣回報。

有時候到加護病房會診，裡面都是一些重病、昏迷不醒或半昏迷的病人，我看到有愛心、會溝通的護理師們一面幫病人翻背，一面同病人說話，幫他們抽痰後又將臉擦拭乾淨，輕輕柔柔地。啊！她們是天使，假使我躺在病床上一定這麼認為。

護理師們同半昏迷的病人說話，就好像病人聽得懂一樣，探訪時間到了，家屬詢問護理師，病人意識不清，同他講話到底能不能聽懂？其實病人的心靈可以因感動而淌下眼角的淚水，即使是在昏迷狀態下。

所以，我們常鼓勵家屬利用訪視的時間多多跟病人講話，可以握著他們的手說話。就像慈母在孩子睡著的時候，繼續唱搖籃曲給娃娃聽一般，每個人都渴望被疼愛。

許多人害怕死亡，就是因為害怕這種孤獨寂寞的感覺。在生病的過程中他們發現接近的親朋好友變得愈來愈少，病情愈重愈久，卻愈沒人前來關切，無形中他們被刻意遺忘了，孤立而無助。沒有愛，寧願死，這是憂鬱的溫床，是久病厭世最常見的原因之一。

有愛才有鼓勵，才是在絕境而能活下去的理由。

想想看，有許多高知識分子在人生的終站變得鬱鬱寡歡，得不到安息與解脫。其實臨終療護最需要的是愛心、同理心與慈悲心。道理不難但需有耐心的、長時間的奉獻，愛心或許比較難，但是許多家屬、醫護人員都做到了，見賢思齊，當我們看見別人做到了，一定要警醒，惕勵不懈怠。

安排臨終環境四：允許道別

允許病人過世，保證在他死後，其他人會過得好好的。他並不會孤獨，因為家人、親人會時刻想念他，他也會擁有一個完全的愛。神會照顧他，與他同在，神寬恕也赦免了所有的罪與罰。

很多病人在辭世之前仍有牽掛。重病的中年人放不下年幼的小孩與妻子：誰來照顧

他們的生活？誰能接下負責家計的經濟重擔？這一點我們可以諒解，而且的確是一個難題。雖然留下一些遺產，但未來的事情無法預料，那些未成年的子女能保證被妥善照顧嗎？配偶會再婚嗎？原來的家還會完整嗎？

或許我們認為七、八十歲的老人會比較好走，其實他們愈老反而愈容易感傷，擔心子女的經濟、事業，煩惱未成家的那些孩子的幸福，甚至掛念孫子。總之他們是家族中的長者，卻有很多讓他們放心不下的地方。

臨終的人最該學習的是放下、捨得下，不帶走任何財富，也不帶走任何煩惱；不帶走愛憐，也不帶走怨恨。我們平常關切很多事情，擔心不幸事件的發生，然而很多時候總會水到渠成，不用操心。

一些不如意的事發生了也終將過去，烙在我們心靈的創傷卻幫助我們成長，變得更達觀。不經一事，不長一智，擺在我們眼前的功課，誰也無法為我們免去。沒有人能幫我們繳稅，也沒有人能替代我們服兵役，自己的事尚且很難圓滿解決，他人的命運自有他的因緣。

陪伴的家人又怎能牽絆住臨終者呢？在病床前痛哭或許是人之常情，活著的人想到與親人永隔，誰不難過？但是這樣往往讓臨終者無法順利割捨親情，無法進入臨死中陰。就如同親人上了火車，我們送別時能拉著他的手不放嗎？有緣自然還會相見，所以我們應該珍惜在世的每一天，以最多的愛心跟親人、家人相處。

接受與道別的智慧

我發現，平常照顧病人的家屬可以很自然地接受病人的死亡，尤其是久病重症而又無法醫治的患者。平時他們付出了愛心、親情，也認識命運之不可違背。

相對地平時未與患者接觸，或旅居國外者，當聞此噩耗，回國探親或只能奔喪者，他們的情緒、悔恨、不捨、百感交集，有時會有一些情緒化、不理性的舉動，讓醫護人員很難應對。尤其是一些放洋的遊子，往往會詰難醫療的處置，如此也難掩他們內心的愧疚與虧欠。

若能了解狀況，心平氣和，多感恩照顧病患的有關人員，把握時間與臨終者見面、談話，往好的方面去做，幫助病人多結善緣，這樣的臨終關懷才會圓滿。

認識命運的不可違背，才能建構道別的基礎，從而把握時間、安排臨終者最後的人

生行程。在此時刻認命、順命、逆來順受並非不積極，而是圓融豁達的表現。

許多事情我們反過來反省，當病人往生以後，才驚覺沒有留下多少時間與所愛的親人相處，反而不顧病人的要求，硬是將他留在冰冷的加護病房接受呼吸器的急救，而沒有機會道別。臨終者最後的請求也未被完成，因為家屬們拒絕道別，不放棄最後一線的機會，只盼望奇蹟出現。這樣只會造成病人的痛苦、失望與無奈，最後苟延殘喘的心情，又有誰知呢？

各式各樣思想的人都有，有些人害怕死亡，緊捉住家人、醫師的手，要求大家救他；有些人知道大限已到，一切努力皆枉然，他們決定接受命運，步下人生舞臺，然而梯子被家人拆掉，進退兩難，這又是何苦來哉？天下沒有不散的筵席，道別是一種智慧，也是一種藝術，不要強人所難，順勢而為的人才會放下心來感恩。

在為病人營造臨終的環境裡，我們需要豁達的心態，以人生經驗與智慧來啟發內心的愛與疼惜。如果不先啟發自己，就無法啟發在我們面前的親人。祈禱眼前所愛的親人不再受苦，能夠找到安詳和解脫，家族內的每個人做好自己分內的事，同心協力，拋開種種不愉快的爭執，放下私心，把握最後相聚的機會。

第十章

臨·終·修·習

準備去一個更好的地方

臨終修習——準備去一個更好的地方

面對死亡威脅的是病患，而非醫師與家屬，聆聽病患內心的遺願，尊重並順從才是真正的關懷。平時有宗教信仰的人，臨終修習對他們而言只是在複習功課，將認識的道理應用於自己身上，因為常常藉靈修來清淨自己的內心，得到聖靈的感動、聖神的感召，而對真理有多方面的認識，得以面對各種逆境之考驗。

這是臨終修習法門之上上策，也就是明心見性、自性自覺。自己可以渡化自己。他們在活著時完全悟證心性，自在自為，因不斷地修行、精進而安住在心性之中。

尊重病人的選擇

臨終是一個過程，有許多的臨終是經過一段時間，有一兩個月，甚至更久，端看疾病的種類及嚴重度。在主治醫師判斷該病不可醫治，而病情開始加速惡化之時，也可以說是病人臨終階段的開始。

現在的社會，在強力科技資訊的帶動下，標榜人定勝天、科技之上，許多人面對臨終這一關都採取逃避、不放棄積極治療的態度。我以人生哲學修習者的立場，必須說，這些拿「科技無所不能」來唬人的醫療人員，依照他們的路來走，病人總是糾紛多、煩惱也多，活得不快樂，也沒有多存活多少日子。

中國與古希臘哲人強調中庸最好，然而現在全部是標榜積極的人。有時候人生的前、中段積極是對的，但是到了老年臨終時還在想積極延壽，又無法成功，常常陷入醫也不是、不醫又不對的境況。很多社會工作或精神心理支持者有許多的理論，從某種角度來看，他們若不採這些豁達的人生觀，只會加深病人的不安或模糊而無所適從。

我們必須了解病人要什麼，而不是告訴他們什麼最對，畢竟他們真正想要的生命，我們無法給他。但常常是他們想要放棄治療時，我們卻說他悲觀。

為何醫療人員、心理精神專家有這麼多不可冒犯的立場？醫師，憑藉什麼去告訴病人怎麼做？我必須說，有分別心、不夠慈悲，才會下這種論斷。

只要是病人能接納而採取的臨終態度，我們醫療人員應樂觀其成。

對病人的關懷，也應從不同的階段來調整關懷的面向，部分關懷雖出自善意，卻是在架構一個謊言；有些不中聽的話，卻直指事情的真相，病人也會因不同的接受程度，而各自有所領會。

病人若想接受安樂死，我們不能持負面的態度來批評他，不能因無法提供安樂死，而刻意反對或批評安樂死。只能說我們了解他想安樂死，諒解他活著的困難，只是大部分的國家並未立法通過。以中國人受老莊思想長期的影響，對生死的態度一向比西方國家的人民更容易接受；反而現在許多臺灣的醫師受西方醫學教育的薰陶，漸漸為功利思想左右，而失去中道的作風。

伊斯蘭教及佛教社會對生死的看法，也是比較順乎天道與自然的：死之將至，又何必在乎非如何不可呢？不應太強求一些表象的、不實際又虛假的教條。佛教徒四大皆空不是消極，而是如來如去，我們對臨終修習必須包容各種文化與哲學，日子所剩無幾，只要是病人及家屬所能認同、接受的都可以。但若拒絕死亡，哭天搶地浪費醫療資源，到處結怨，這是曖昧、自私、害人害己的做法，實不足取。

人的一生有其天命、社會的角色、任務。所能努力的，無非就是接受考驗，充分體驗，並完成自己的理想。然而，自在自為的人生觀中，無為而無不為，又無所為而為，不就是如來如去的實踐嗎？

人生到處知何似？應似飛鴻踏雪泥，泥上偶然留指爪，鴻飛那復計東西。步入人生的末端，死亡已在遠處招手，我們的生涯規劃中，本來就包含了這段功課，而且是最重要的人生功課之一，我們怎能故意去忽視它呢？

病人及家屬難免想要逃避，而且害怕天人永隔，原因包括天性使然，例如：經濟支柱的喪失、情感失去依靠、捨不得分離、來得突然沒有心理準備、其他不安全感及不確定感，甚至有家屬會懷疑自己會不會是家族的下一位。最大的原因是——我們不了解死亡，甚至對於能夠自然老而衰地壽終正寢也不會覺得高興。

悟證心性是上策

那麼請問諸君，活到九十歲久病纏身而死比較好，還是八十歲在睡夢中自然逝世比較好？我想每個人的答案不一定一樣。然而對一些鰥、寡居、孤、獨、殘障的人們而言，他們的看法又如何？許多將士為國捐軀、聖徒殉教、科學家、文學家、藝術家的觀點又是什麼？是死得淒美、走得壯烈、去得瀟灑、消失得神祕？假若每一個人的看法都不盡相同，我們又該如何和病患談臨終修習？

臨終修習的上策在於悟證心性。對身、心、靈的全方位醫療而言，靈是看不見的，不是科學可以檢測的，當然科學、醫學、精神醫學也很難置喙。因為不是所有人都會相信，只有想法觀念相似的醫病關係才比較容易得到認同。那麼臨終照顧裡，醫療人員的態度應如何？

我覺得對於根器高的人，或本來對靈修有研究、已投入並有心得的人，可加強心性的悟證，達到觀照生命，內省良知。中國儒家八正道中所謂的格物致知，即是從良知良能中，體會人生的目的、過程及終點。

所謂人生自古誰無死，留取丹心照汗青。發揮人性的大愛就是讓病人覺醒，由病人自發性的良知與理性，主導自己的未來。

醫師不是神，所以不能也不應主導病人的未來。如果病人知道自己大限已到，罹患癌症難免會有身體的疼痛，他若認為這樣耗到死亡，既浪費醫療資源，重複疼痛與吃藥的日子又不具人生重大意義，以致病患理性地向醫師提出安樂死的請求，身為醫師，我們可不可以批評病患家屬之支持性功能不佳，說是疼痛控制做得不好，病人失去理智，所以出現消極的譫妄（Hypoactive Delirium）？我想醫師的立場不應該這樣說，因為不同的立場、訴求，都有其理由。

有些心理學家可能認為同意安樂死乃是負面想法，病人不快樂是因為腫瘤醫師職業疲勞而變得麻木不仁（Burn-out），所以變得不再積極。美國人甚至認為這是犬儒派作風。我個人認為這種看法有失客觀，一味急救病人，不允許他們死亡，才是不接受命運的負面做法。每個人都會死，何必要認定是腫瘤醫師Burn-out，這才是一種不負責任的批評。若有人批評醫師看太多癌症病人的死亡，以至於麻木不仁，我對此觀點也不表同意。

心理醫師輔導的病人有移情作用、會自殺，失敗的個案總是有的，任何批評應該客觀，只要病人是理性的、心平氣和的，都應予以尊重，不能以種種偏見來評斷病人是

適應不良（Adjustment Disorders），是另一種輕生的憂鬱。

我想每個病患有個別的特殊性，不可等同看待。若以精神科的量表來看，許多中國高僧都患了憂鬱症，因為他們斷食（食欲下降）、不想多活、不想與人談話也不想活動，所知障的本位主義偏差莫過如此。西方的實證醫學、機械論與實用主義應負起最大的責任，因為他們誤導臨終靈性的修習，迷惑而墮落到另一種不可知、不確定的盲目治療，如此反而造成急欲追求靈性修習者另一種恐慌與不被肯定的焦慮。

當然，高僧與修行多年的善知識及十方大德，他們圓融無礙的人生態度是我們仿效的對象。人之大患在於有身，這個臭皮囊，本來無一物，何處惹塵埃？「有我」就會執著我相。菩提本無樹，明鏡亦非臺，大家都耳熟能詳六祖慧能的名句，為何眾生說得到，卻做不到，先悟而後迷呢？尤其到了病人的人生終站，醫護人員是讓病人更悟或更迷呢？言談之間，醫護人員的角色也關鍵，不可不慎。有時病人是很相信醫師的。

「有我」是虛相，「無我」才是實相。「實與虛」及「有與無」，人生原來如此這般。**在人世間的長短其實是次要的，最重要的是，有沒有在有限的人生當中，自我覺悟同時也幫助他人覺悟。因為自己的使命不只是完成自己，也應利益他人**，如同弘一大師常說的「饒益眾生」，或基督徒常說的「榮神益人」。

古人說：「朝聞道，夕死可矣。」剩餘的人生就應利益眾生，這才是大乘佛教的崇高精神。基督徒也是一樣的，真正的好基督徒跟隨耶和華的腳步，如《箴言》中所說：「因為尋得我的，就尋得生命，也必蒙耶和華的恩惠。」（《箴言》8:35）既然神與我們同在，有血肉的若要死，也會死在主的懷抱，那是我們的天家，最終的歸宿。

「在主裏面而死的人有福了！」聖靈說：「是的，他們息了自己的勞苦，做工的果效也隨著他們。」（《啟示錄》14:13）

「賞罰在我，要照各人所行的報應他。」（《啟示錄》22:12）

死雖是人生的終站，卻是得道者永生的起點。若不能認同以上諸點，又怎能算是正信虔誠的基督徒呢？塵歸塵，土歸土，滾滾兮塵土飛揚，回歸主兮得永生。

佛斯特（Stephen C. Foster）的〈老黑爵〉（Old Black Joe）實在是下了一個很好的註腳：「我棉花田的朋友過世了，離開塵世，到我知道的一個更好的地方。」（Gone are my friends from the cotton fiedls away. Gone from the earth to a better land I know.）在主的懷裡，在天國（better land，一個更好的地方）才是真正的實相。

頗瓦法是中策

人的一生，在太陽底下不只是一個影子，一晃就過去了。那種影子是個虛空，是個假象。太陽底下沒有什麼新鮮事，只不過是名、利、財、色、情的種種幻影，那是撒但的試探。

對於平時慕道或對佛法有興趣，卻無緣進一步靈修的臨終者而言，他們沒有足夠時間念更多的經書及禪修，該怎麼辦？有沒有更方便的法門在短時間內悟證，將忐忑不安的心安靜下來？我想是有的，下面介紹兩種常用的方法——意識轉換法的「頗瓦法」，及臨時靈性帶領的「上師相應法」。但無論使用哪一種方法，臨終者都必須發出願心、願力才有功效，所謂心誠則靈，否則欺人騙己只是一種僥倖的做法，根本無法登堂入室。

西藏人生活一向儉樸，在惡劣的天候環境下過著接近自然清苦的日子，所以幾乎每個藏人都是密宗的佛教徒。他們對生死有一套獨步全世界的看法，可以說是現在世上比較有成效的方便法門。蓮花生大士曾在《中陰聞教得度》裡說明一種藏人常用的意識轉換法，稱之為「頗瓦法」。利用大和尚仁波切的加持與帶領，誠心念誦一段意識轉換，其要義為：「現在臨終中陰已降臨我身上，我將放棄一切攀緣、欲望和執著，毫不散亂地進入教法的清晰覺察中，並把我的意識射入本覺的虛空中；當我離開血肉和合的軀體時，我將知道它是短暫的幻影。」

祈請阿彌陀佛、無量光佛，光的象徵就是清淨的本性，將軀體的氣，集中送往九孔之頂輪離開，隨即往生淨土。此時的心靈雖是淨空的，惟以恭敬心及慈悲心專一的觀想，發願力深深感覺阿彌陀佛示現。願我的一切煩惱、無明和業障得以清淨消除，願我所思所行的一切傷害已被寬恕，如此可以獲得清淨無染的初聖果位。藉由用心的思考悟證心性，於臨終前修得大圓滿已算相當不容易。

臺灣很多家庭平常與佛有緣，多少有接觸，**在病重之時全家人帶領臨終者誦念經文，播放《大悲咒》雅樂，平靜心情，這是很好的方式**，與西藏的頗瓦法有異曲同工之妙。

在加護病房內，病患雖已昏迷，然而有些家屬會在床邊以錄音機輕輕播放《大悲咒》，來幫助重病者心情的平復，我個人持正面的看法。因為在樂音中病人可以放鬆，不會受到呼吸器、心電圖監視器太多的干擾，可以潛心聆聽。尤其是病人平時若有修行，則功效更大，不會覺得孤立無助；能夠在夜裡的航行找到一盞明燈、無量光

佛的導引，不至於讓徬徨的心識陷入五里霧中。

國人有許多淨土宗佛門弟子在禪修的八萬四千法門中偏重念佛法門，如：持名念佛、觀像念佛、觀想念佛、實相念佛等四種修法。

《佛說阿彌陀經》是執聖號求生極樂世界之經典，可說是念佛法門中的捷徑、方便之門。故稱為不可思議功德，一切諸佛所護念經，只要有信，發願力做下去，那麼上智下愚皆得帶業往生，三不退轉，自他二力橫越三界。

上師相應法是下策

若是平時無緣修佛，不燒香，不拜拜，沒有任何宗教信仰者，可在此臨終之時修習上師相應法（Guru Yoga）。這是一種簡便法門，也可以說是急就章的方式，適用於平時相信科學，對倫理學、宗教無任何興趣，但臨終心裡無任何依靠，因而產生焦慮恐慌與無助者。所謂臨時抱佛腳，心裡的確想立即獲得靈性的支持。

我們常在病房看見神父與牧師為病患受洗，使病人信主，並得到悔改與赦免（注意，未悔改是得不到赦免的）。許多受刑人在處決之前，也同樣可以得到類似的靈性帶領。這是上師相應法的殊勝之處。

做法是由上師、大師或法師加持病患，在祈禱中懺悔，帶領念佛，一心專注發願，往生淨土或發慈悲心願再生為人。在藏語中為：「唵阿吽，班雜咕嚕叭嘛悉地吽」（見《西藏生死書》，索甲仁波切著）。觀想上師與蓮花生大士之加持，將意識與上師大覺者相結合，或念誦觀世音菩薩六字大明咒：「唵嘛呢叭彌吽」。這與基督教說「以馬內利」類似，即與神同在，獲得神的寬恕，赦免人的罪，得以往生西方極樂世界。

上師相應法雖是臨終修習之下策，但卻最廣為流傳，因為很多人平時對宗教、人生哲學並未深入研究，而大部分國家的教育並未列入通識課程。中國人的教育過分偏重儒家思想，而這點正是儒家最弱的一環。

現在的文明太偏重科技、物質享受，盡量想辦法延長生命，逃避死亡，一旦死之將至，只有不情不願了。這並不是圓滿的全方位人生學習。

活到老，學到老。老了就應學習人生的另一面，學習放掉物質享受，追尋靈性的平和與恬靜。這是人生下半場的最後一段。接近自然的奧妙，關懷一切有情眾生，珍惜

地球的任何資源；徹底放下價值觀與分別心，達到天人合一的大圓滿。

基督徒安慰的話

臨床醫師，尤其是血液腫瘤科醫師，目睹如此多的病患在生老病死中受苦受難，他們並非Burn-out，反而更積極地在醫學治療之外，開拓一條腫瘤心理學，來幫助有需要的病人圓融無礙地走完人生另一段行程。這裡有大愛，有悲憫。

有些病人有罪惡感、內疚感，該怎麼辦？

其實許多個案的心理一開始是正面的，透露想積極治療，心底卻對疾病一再否認。但當病患知道無法再做任何有意義的治療時，卻反而覺得自己不被祝福，如同活著等死。他們認為連祈禱也沒有用，生命因而失去意義，家人來探視，也不理不睬；他們同時也對信仰產生懷疑，懷疑上帝離開他，或是反過來思考，他過去所作所為是否不為上帝喜歡？對過去的陳年往事產生愧疚感，所以上帝要懲罰他？

這種罪惡感是一種假象，實際上是病人無法面對死亡的壓力所造成。他們希望疾病

能被治好，這樣表示上帝愛他，上帝有能力，以為這樣的信仰才有正面意義。

其實這些想法都太自我中心了。因為許多個案是教會長老，甚至是更高的神職人員，當他們面對別的會眾時不曾對上帝懷疑，他們會以各種經文安慰病人及家屬，然而輪到自己生病的時候，卻無法超越它。有些個案對人、事、物從此失去興趣，惟有在唱詩歌、分享及禱告時有一些回應，其餘的時間幾乎都沉默不語。他們應該以神為中心，人都是卑微的。

沒有一個人是聖人，都有他們自己不完美的一面，讓我們肯定自己光明的一面。神是公義的，賞罰在主，主必報應；生命的長短也是神的安排。我們雖不了解神的旨意，對祂的大能、祂的安排，我們應歡喜接受，沒有任何例外。

生與死都是很自然的，沒有好與壞、對與錯的分別，最大的謬誤是人類妄加論斷神的安排。耶穌提醒我們不可隨便論斷別人，然而我們卻常懷著分別心去論斷別人，就連自己得了重症，無藥可醫時也論斷自己，這是不可以的，這個無由來的罪惡感也是不對的。當最後的審判來臨時我們要悔改，神會寬恕我們，使我們得救。我們所做的事若利益眾人，也就是利益自己了。

有基督教信仰的人在這裡提出一些經文是很好的。

「在主裏面而死的人有福了！聖靈說：『是的，他們息了自己的勞苦，做工果效也隨著他們。』」（《啟示錄》14:13）

「我是首先的，我是末後的；我是初，我是終。那些洗淨自己衣服的有福了！」（《啟示錄》22:13）

我們應深深體會死在主的懷裡將得到平安。

「那在基督裏死了的人必先復活。以後我們這活著還存留的人必和他們一同被提到雲裏，在空中與主相遇。這樣，我們就要和主永遠同在。」《帖撒羅尼迦前書》4:16）

我們相信真理，相信永生的靈魂不滅；我們完全信靠主，不擔憂，如此得到完全解脫，逍遙而自在。任何人都可以說再會，有緣還會再相遇的。

「我雖行過死蔭的幽谷，也不怕遭害，因為你與我同在。」（《詩篇》23:4）

「領他們到生命水的泉源；神也必擦去他們一切的眼淚。」（《啟示錄》7:17）

佛教徒臨終處理的原則及注意事項

最後，我們談談臺灣一般佛教在家弟子如何處理臨終，又有哪些注意事項。

釋演音弘一大師告誡弟子在重病時，**應將一切家事及自己身體悉皆放下，一心希冀往生西方。**若病重時痛苦甚劇的人，切勿驚惶，因此痛苦乃宿世業障，或是轉未來之途惡道之故，於今生輕受可謂了償，亦為貧病業障離。若神智仍清醒者，應請大德為之說法盡力安慰，舉病患今生所修善業，一一詳言而讚嘆之，令其心生歡喜，決定往西。

弘一大師並告誡我們，**臨終之際切勿詢問遺囑，亦勿閒談雜話。**恐彼牽動愛情，貪戀世間，而妨礙其往生；若欲留遺囑者，應於健康時預立遺囑，託人保存。

病患仍尚有神智欲沐浴更衣者，可順其所欲而試為之，或在床邊擦浴。若病患沒有意願或噤口不能說話，都不需勉強而為，因為命終之前，身體不免痛苦，倘強為移動沐浴更衣，則痛苦將更加劇，或因移動攪亂而破壞臨終者之正念。

身體姿勢也皆隨其意，不需強行翻動身體，大眾念佛時，應請阿彌陀佛接引，佛像供於臥室或病房，令彼矚視。

助念的人多少不拘，**可輪班念佛相續不斷，念「南無阿彌陀佛」六字或「阿彌陀佛」四字皆可**，或快或慢隨其平日習慣及好樂者念之，病患也相隨默念。弘一大師囑咐助念時可以不用木魚，若用木魚，最好使用大鐘大木魚，聲音宏亮比較不會太尖銳而刺激臨終者的神經。

最後，**病患命終斷氣之後，最重要的是不可急忙移動**。若住院的病人，最好是住在單人病房，比較方便將病人留停在床上，經過八小時後再移動或浴身更衣。因為此關鍵的八小時正是靈魂與肉體脫離之程序，一切安安靜靜，比較能幫助亡者跟隨阿彌陀佛眾菩薩往生西方淨土。若命終之時家人在床旁邊痛哭，將妨礙靈魂轉換之功德圓滿，所以應俟命終八小時後方可放聲哭泣，此乃人之常情，傷痛不能自已。

八小時後著衣，手腳仍軟；若手足關節僵硬者，可以念誦佛號，或以熱水擦拭於臂肘、膝關節，亦有助於轉動。最後七七日內，可以延請僧眾念佛，也可以由平時參與的助念團幫忙，家族亦應隨念，惟一切不應鋪張亦不可妨礙鄰居安寧。《印光法師文鈔》中也斥誡眾人，勿鋪張場面，徒作虛套。

七七念佛乃於亡者之中陰身階段助念佛經，幫助亡者順利通過生死轉換，往生西方淨土。一切平時多做善事，修持守戒，多做準備乃可臨終自在。

【靈操練】

- 冥想，了解生命的來去、真如。沒有開始也沒有結束。要新就要先結束，沒有記憶就沒有欲望，沒有欲望就沒有死亡。
- 拋開種種回憶，讓記憶漸漸死去。
- 讓內心清明，斷一切念頭。能放下塵勞，就不受折磨；能捨才能了解死亡。
- 有大愛就不再執著；可以捨去就不生恐怖，就不會害怕失去。
- 甘願，跟隨神。沒有悲傷就可以破解孤獨。
- 把身體軀殼忘掉，最後把心、記憶也一併丟掉，斷一切念頭。
- 一切神已有準備，命運早已安排，可以隨時安息。

第十一章

七・件・禮・物

臨終之準備

七件禮物——
臨終之準備

臨終修習雖然提供我們一些靈修方法，讓臨終者有一個明確的方向可以依循，但腦子空空的也不行。天天念佛號或許不能填滿空虛的大腦，所以有必要交代一些事情，放在心中隨時背誦，否則上師加持後仍會退轉，又回到不安的情緒。這一點很重要，需要不斷地加強正信的思維，由信心產生更大、更強的力量。

我們要送給自己的七件禮物是——不要羨慕別人；因果關係與時空觀念；不勉強、不逃避；不執著，順其自然；決定論；跟隨；放下。

第一件禮物：不要羨慕別人

有時想到某些熟識的朋友，多子多孫多壽，自己這輩子的作為與他們相去不遠，為何人生際遇相差甚多？於是愈想愈不甘心。《傳道書》中說，多子多壽，亦屬虛空。我們實在不需要羨慕別人，公義是神定奪的，不是一般凡人所能定。既然是虛空，又何必羨慕別人？

「愛是不嫉妒，愛是不自誇，不張狂……」（《哥林多前書》13:4）

太陽底下的萬事萬物，生不帶來，死亦不帶去，又何必分誰多誰少，孰高孰低呢？書念得多的人應教導書念得少的人，而不是去嘲笑他。人生以服務為目的，不是以批評為目的。有時教育程度較低的父母將孩子送到高等教育，俟父母年老體衰時，子女為一己之私，反而嘲笑父母沒知識，做法落伍，這是很不孝順的行為。在門診偶爾會見到這樣的老年人，含辛茹苦供兒子念到博士學位，卻成為在家煮飯洗衣的「傭人」，這也是老年人憂鬱症的原因之一。

要看得開，就從不要求別人做起。常常看到讀者投書於安寧照顧類的刊物，訴說他們的親友在醫院得到的待遇如何如何，親友重症躺在急診室，偶遇到他原來的主治醫師去探視別的病人，他們想跟醫師談談病情，然而主治醫師很忙，客套幾句後，要他們安心等待急診室的處置，醫師就忙著離開。讓家屬甚至病人覺得他們不是醫師的優先對象，很沒安全感，有被忽視的感覺，尤其是病情真的很嚴重的病人。

我必須說，在功利思想、商業導向的社會裡，病人以高標準來審查醫師的倫理與道德（醫德）是不盡理想的。醫師有他固定的行程，連看照會單、解讀病情、說明X光片都需要收費的，也必須為每一件處置留下紀錄。

實際上，很多比較不忙的、醫病關係良好的醫師會停留三、五分鐘，看看為何他的門診病人竟然來到急診室，是否出了什麼緊急狀況，他得關切一下。若他發現是預期中的病情，如癌症末期合併腹水，那麼他應看看急診有無特別處置以緩和病人的痛苦，而急診室的值班醫師也可以因特殊需要來照會原腫瘤主治醫師。

其實中國人很習慣遇到主治醫師就在走廊上、電梯間問病情，這在國外稱為Corridor Consultation（走廊邊會診），是不受醫師歡迎的，很多醫師採取拒絕回答。因為沒看到病歷，很難正確回答，同時照會病情是需要收費的，這才是一種尊重。

中國人一向遇到了醫師就問（不管是不是他的主治醫師），對於治不好的病，或疾病已進入末期，醫師怎麼解釋都很難讓家屬滿意。

我們不要羨慕別人，每個人都會生病，人生的盡頭很可能是一場大病，機會都是均等的。生病要看時勢、運勢，還需要有貴人相助，或許社會、經濟與人際關係也需要考量。若我們夠豁達，看破紅塵，看盡人生百態，人情冷暖，我們才能夠瀟灑走一回。

第二件禮物：因果關係與時空觀念

《聖經》說：「伸冤在主，主必報應。死在主裡的有福了。」這是基督徒因果報應的說法，其實與中國人民間信仰的因果報應不謀而合。

佛教本來就非常重視因果，那麼哲學家呢？西方哲學裡最受人尊敬的德國大哲學家康德，他的哲學思想中，時間與空間是兩個人類感知的方式，我們對世界的觀念就是透過感官與理性而得到的，而這也就是一連串發生於時間與空間裡的過程。

每個人的心中都存有「預知」的因果律。因為我們知道人類認知的法則乃「自然法

則」，作為一個由物質形成的生物，我們完全受因果律的支配，我們不一定能決定自己的感官經驗。不僅心靈會順應事物，事物也會順應心靈。

從上述理論，我們可以知道佛教所說的「貧病業障離」的說法。貧窮與疾病是我們遭受因果法則所得到的待遇，也可以說是報應。當報應通過以後，這個業障就被消除了，所謂消災解厄，或臺灣人俗稱的「過運」，消掉被報應的霉氣。

依此理論來看，真的善有善報，惡有惡報，不是不報，只是時候未到。

很多達官顯貴，叱吒風雲，不可一世，當他們壞勾當做多了，晚年卻鋃鐺入獄。有些在人世間未見報應，死後就知道了。看看西方的但丁《神曲》，佛教的《地藏菩薩本願經》，就知道他們的下場了。對於這輩子做得正、行得端的人，為何人生際遇不順遂，只能說上輩子福德積得不夠多。

中國人說上輩子燒得好香，這輩子得好報，這不是燒不燒香、選的廟靈不靈驗的問題，只要多做善事，樂意助人，自然心安理得，隨時行善，隨時回報良知。祖上有德，庇蔭子孫。

當我們正在通過業障的報應或考驗時，我們的磁場正在重新設定（Reset），調回清淨潔白，準備下一個時空再重新出發。否則沉淪後再沉淪，終將積重難返。天作孽猶可違，自作孽不可活，不可不慎。

放下屠刀，立地成佛。在臨終前我們若有正信的思想，那麼從下一個時空轉世時，我們將在中陰身獲得相同的正信思想，那麼磁場將往正向的目標前進轉變。

第三件禮物：不勉強、不逃避

第三件禮物就是得到智性的快樂。所謂煩惱即菩提，從痛苦中學得無上的智慧，這種智慧得到的快樂是智性的快樂，無牽無掛的，就像清風明月一般，也是佛教所說的逍遙自在。不追求平常人所謂的物質享受的幸福，而是靈性的幸福。

「你們若是與基督同死，脫離了世上的小學，為甚麼仍像在世俗中活著，服從那『不可拿、不可嘗、不可摸』等類的教條呢？」（《歌羅西書》2:20）

在基督裡有新生活，「倘若這人與那人有嫌隙，總要彼此包容，彼此饒恕；主怎樣饒恕了你們，你們也要怎樣饒恕人。」（《歌羅西書》3:13）

所以當我們臨終之時，也應饒恕家人，即使是那些不前來照顧的子女，包容他們，他們在告別式中必將懺悔。

許多重症的家屬為何不前來照顧病人呢？這裡有很多的家庭因素，所謂家家有本難念的經。一般說來，除了緣分的深淺以外，父子關係、婆媳關係的好壞最重要，其次是遺產繼承與分配公平與否，也有的是上班太忙、經濟困難，甚至惡意遺棄等。

有一位七十五歲的長老罹患肝癌，他原來與長子同住，四個月後病情惡化，下肢水腫，腹脹如鼓，最後住進醫院還很積極，希望醫師幫他做化學治療。當主治醫師告訴他，放射治療及化學治療都可能幫不上忙時，長老變得沉默不語，抱怨家人。因為平時住在一起的長子不到醫院裡探視他，只有三女、四女比較常到醫院，他有六位子女，其他也很少來探視。

長老神智清楚，他不了解為何醫師不積極為他治病。社工人員跟他談安寧照顧，他一點興趣也沒有，也害怕談及死亡及安排後事。只有做禱告時才勉強念經文。

保羅在《歌羅西書》中告訴我們，做父親的不要惹兒女的氣，恐怕他們失了志氣。無論做什麼，都要從心裡做，像是給主做的，不是給人做的，因為你們所侍奉的乃是主基督。

「你們的言語要常常帶著和氣，好像用鹽調和，就可知道該怎樣回答各人。」

（《歌羅西書》4:6）

長老身上的疼痛用上了長效的嗎啡控制，最後他明白已經無藥可醫，哀傷地辦理出院，兩天後在家病逝。

我們既老又病的時候，一切都應看開，血肉之軀難以修補，能醫則醫，不能醫治則要看開，強人之所難總會掉入痛苦的深淵。轉個念頭追求靈性的新生命，害怕而逃避死亡的，反而要陷入更大的折磨。

第四件禮物：不執著，順其自然

一切有常與無常都有命運的安排，業力的牽引，並非這一世我們做錯什麼，所以也用不著去跟神、跟人討回公道。真正的公義是神決定的，不是渺小的人所能爭取的。

有些人以為懂法律可以爭取到很多權益，其實那只是從人的眼光看到的假象。從神的角度來看，那是微不足道的，一切都有神的審判。君不見許多惡貫滿盈的人，知法玩法，謀權營私，眾人皆知卻逍遙法外，甚至終老一生不得制裁。然而中國人說跑得了和尚，跑不了廟，一切都會得到報應。很多惡人心神不寧，疑神疑鬼無法安眠，常常受到良心折磨，或得一些怪病。神人不調和的恐慌與焦慮，就像莎士比亞寫的《馬克白》中，馬克白的夫人後悔唆使夫婿謀殺鄧肯王以篡位，以致時常洗手的強迫性動作，及許多不明原因的胸痛、呼吸困難。

無論我們做了什麼事，只要順著良知、良能、悔改、接受，做到順其自然，逆來順受，那麼所有的事都可以解決。

有人說：「我們被虧待了，為何不去爭取呢？有些人世間的事或許如此，然而面對生死這麼大的事，不是更應該去爭取嗎？」其實智慧的考驗就在此處，有些事可爭，有些事不能爭。

佛曰：「佛心無所住，應無所住而生其心。」這是六祖慧能之所以開悟之名句。我們的心若有所住，就生愛恨情仇，這些才是煩惱的根源。若執著則著了我相、人相、壽者相、眾生相，一旦著了相，就變成有我，有生老病死、高低貴賤的分別心，貪心與自私就跟隨而到，如此豈能看破生死？離相不著相，所有相皆是空相。色不異空，空不異色。

我們常以為死了就什麼都沒了，那是錯誤的。人死了還有死後的世界，有人不相信或不敢去想像死後的世界，所以根本不談，或逃避不去面對，但人衰老後一定會死亡。死亡後的世界佛教稱之為中陰身，中陰身也不是無限長久，中陰只是一個階段，到下一世輪迴的一個階段。中陰的期間不長，一般轉換順利的靈魂，約四十九天之內即轉世到另一個生命體。

什麼叫做順利呢？就是因緣足夠，亡者在中陰身時接受最後審判及重要功課的修習。陽間有學校教育，陰間同樣有教育，是良知良能的修護站，而死亡本身與生命是輪流交替的。故《心經》曰：「無無明，亦無無明盡，乃至無老死，亦無老死盡，無苦集滅道，無智亦無得，以無所得故，菩提薩埵，依般若波羅蜜多故，心無罣礙，無罣礙故，無有恐怖，遠離顛倒夢想……」人老了會死，故說有老死，但是老死後進入中陰再輪轉另一個生命，故說無老死，如此接連重複亦無止息，故說無老死盡。若有若無有，若有老死，若無老死，論述無益，都是虛妄相。

有一位患了不少毛病、開了兩次刀的主編，對我的另一本著作《心靈病房的十八堂課》（老古文化，2006）有興趣，她看了兩遍，說喜歡我的人生哲學理論，只是她很好奇，問我人生是不是真的像我說的那樣，有前生、今世、來生。我告訴她這不是我說的，很多人都說過，美國一位精神科醫師也曾著了一本《前世今生》，裡面都有詳細催眠的個案報告。

所有的生命、生物都有靈魂，都在宇宙磁場、重力場生生滅滅未曾止息。成仙成道的人都有很好的修行，只有修得大圓滿的三世諸佛因般若波羅蜜多故，得阿耨多羅三藐三菩提，證得無上正等正覺而成佛，修得正果升天做佛，就永不退轉。一般人凡心重，雖有修行，仍會因起心動念而破戒退轉。修得不退轉之時，利用契機，脫離業相之輪轉，遠離宇宙的生滅。

一般凡夫俗子雖很難修成正果，但若臨終之時能不執著，無所住而生心，發願跟隨，觀世音菩薩即現身指引，接引到淨土。主編雖非基督徒，也非佛教徒，但她覺得這種理論可使一些人不害怕死亡，可以更有信心地進入死後的世界。本來死亡只是一個生死的界面，或稱過渡期，就像人活在世上也只是一位過客，凡事不執著才好。唐朝大詩人李白稱天地為萬物之逆旅，凡人只是過客。

第五件禮物：決定論

「生有時，死有時；栽種有時，拔出所栽種的也有時。」（《傳道書》3:2）

生有時，死有時，可以說是命運在決定，也可以說是神在決定。

許多人不相信神，也不相信命運，他們認為事在人為，所以他們積極進取，嘗試以各種方法來對抗命運，但是對生死這種大事而言，他們終將低頭。因為他們的對抗不存感恩惜福的心，以為人世間的一切皆事在人為。其實在他們對抗命運的時候，已經感受到命運強大的力量，所以才會想要去對抗它。

決定論絕對不是宿命論，有些人不研究哲學，對決定論（Determinism）認識不多，以為跟宿命論（Fatalism）沒什麼兩樣；就像許多美國人把犬儒（Cynicism）與斯多噶式哲學（Stoicism）視為消極的悲觀主義一般，所以這些人害怕死亡，他們對死亡的認識不透澈，就如同他們沒有完全認識人生哲學。

「江山易改，本性難移。」人的天性並非自己想改就可以輕易改變的。很多人終老一生都受業力強大的牽引，個性上改變不了，災難厄運也改變不了。

我們看《傳道書》這段經文：「栽種有時，拔出所栽種的也有時。」這說明農夫們看著時令、節氣，以及農民曆記載的日子來播種，如：立春、雨水，東西方農夫都有他們的一套。這些老祖先傳下來的智慧，就是看天吃飯、了解天的運行。凡人以科學方法分析，所得到的跟老農民的智慧並無分別。我們學科學不能光有小聰明，應該有大智慧，以謙卑的心來學習各種階段的人生智慧。

決定論由斯賓諾莎發揚光大，這位住在荷蘭的猶太人，曾經是猶太人會堂的優等生，他的泛神論思想與中國的老莊思想有同樣的獨到之處。在人力所能及的範圍，我們應盡量去努力；在人力所無法改變之處，我們最好恬靜地接受神的安排，那是祂的旨意，凡人無法改變。

醫師是人不是神，所以對罹患重病的人來講，醫師只是溝通的橋梁，發揮人所能盡力做好的部分，醫師也知道屬於神的那部分，他們是無能為力的。對病入膏肓者，醫師傳達的訊息是代表人力所能及的部分。

以肺癌而言，有些小細胞肺癌對化學治療反應很好，存活期會好些。有些非小細胞肺癌的轉移可能不像小細胞轉移很快，一旦轉移，有些對化學治療有不錯的反應，但也有一些反應不算很好的。現在以ＴＫＩ標靶藥及ＩＯ免疫治療為主。

有一位四十九歲的家庭主婦，因左頸淋巴結腫大到內診檢查，結果發現兩側肺都有肺癌浸潤，肺門腫大。經過六個月的化學治療後，頸部淋巴結完全消失，肺部也清爽許多，臨床上已達完全緩解，她的精神及情緒管理也好了許多。她終於開口問我：「那下一步該怎麼辦？大約何時會復發？」因為她看了很多醫學資訊，知道肺癌到這個階段是很難治療的，所以大部分研究報告都以TTP（Time to Progression）緩解到惡化進行的時間，來評估化學治療療效之優劣。

我對她的用功很敬佩，但對於她想知道的答案，很難啟齒。就如同精神科醫師的建議——不正面回答病人可以再活多久，因為沒有人看得準；即使大概知道一二，醫師也不便說出來，因為每位病人的認知與心理成熟度、壓力承受能力都不一樣。

這位主婦是先生陪同來的，他們對肺癌得到緩解顯得很滿意，但是他們也知道病是會復發的，所以很想知道將來會如何。有時醫師心一軟，就一五一十地告訴病人，也會引起病人心理承受不起的困擾。雖然知道未來可以預先準備，然而殘酷的事實，可能打破病患僅剩無幾的夢想。最重要的是，醫師的判斷也未必準確。

網路資訊可能提供肺癌兩年存活期，無病存活或帶病存活的曲線圖。有的醫師反對病人閱讀這類資訊，或醫師向病人解釋曲線的意義；有的醫師則認為病人有知的權利，若不如此解釋，那麼又該如何？結果那位精神科醫師，他們並未實際照顧癌症病人，他說應顧左右而言他，聊聊天氣，岔開話題，不予正面答覆。

這種做法實在是見仁見智，沒有標準，端看醫師與病患的互動。若雙方有良好的默契與信賴，那麼解釋病情的發揮度比較大；若是雙方你來我往，純業務式的醫病關係，有時難免意見不合，劍拔弩張，容易造成各自解讀，病人因過度期待而有失落感，或形成醫療糾紛。

或許醫師比較寬鬆地回答，如：可存活約六個月。然而病人病情惡化，兩三個月後過世，遺產未來得及處理，家屬怒而轉向責難醫師專業度不足，使得病人少活了三、四個月。如果醫師比較嚴謹告之，病患可能存活三、四個月，然而病人卻活了兩年，甚至三、四年，此時比較不識大體的家屬或親戚倒也有說風涼話的，說病人沒那麼嚴重，醫師卻給了這麼壞的預後，似乎是巴不得病人快死的感覺。

我這樣陳述，是因為這些全都曾經發生在我們這個社會上，所謂「一種米養百樣人」，人生百樣態，見怪不怪。醫師斷病斷很準，病患過世了，沒有幾位家屬感激；然而說不準，倒反讓家屬可以借題發揮。身為醫師，有時在電梯間、大眾運輸工具間或許可以聽到民眾在談論醫療的問題，指責的多，讚賞感恩的少。或許心存感恩的心滿意足，所以公眾場合不便發言，然而對醫療不如期望值的，就會多所批評這倒也是真實的人性。

這位罹患肺癌的家庭主婦，因為小孩仍念國中，所以殷切期盼我告訴她預後，她相信我，因為六個月的治療期間也建立了不錯的醫病關係。我拗不過她，她先生也同意我可以告知，不用擔心告知後果如何，他們能夠承受，而且已有心理準備。他們知道治癒幾乎是不太可能的事，所以要求我明確告知平均的ＴＴＰ，也就是緩解到癌症進行惡化的時間。

我想了想，拿了一張便條紙，寫下9、12、18、24四個數字，代表是ＴＴＰ的月數，不是年。我告訴他們，這個數字中，其中有一個是你最可能的ＴＴＰ，請你自己回家思考。他們夫婦倆像求得樂透彩的明牌，真的歡喜接受，也就不再煩我了。至少他們的解讀是九至二十四個月中間都有可能會復發，肺癌可能再席捲過來，他們心中有個腹案。

我覺得各種告知的方法，都應讓病患知道「生有時，死有時，栽種有時，收成有時」的道理，一切都已有安排。

傳統第四期肺腺癌的療效，化療ＴＴＰ為九個月，第一代標靶為十二個月，第二代為十五個月，第三代為十八個月。ＩＯ腫瘤免疫檢查哨治療則有二至三成有長期反應。

第六件禮物：跟隨祂

日本人有一句俗諺：「雖轉了一圈，最後仍選擇自己原來的鳥巢。」所以說人生一輩子都在尋尋覓覓，追尋所謂的幸福。

其實平淡的人生雖難免有些乏味，但卻是最真實的人生，那麼在臨終時，病患若放空了心，問道：「下一步該如何做才好？」也就是：「該怎麼做內心才會踏實？」答案即是這裡要提出的第六件寶物：「跟隨」。

如同上師相應法一樣，需做靈修、靈性上的跟隨。

有的人一生很平順，有所謂的領航大哥或教父可以跟隨，或得到許多照顧。有些出家人有師父可以跟隨，有些人做股票也會跟熟稔的老師一起做，每個人一生之中有許多階段，在許多轉捩點上可以有貴人相助是最好、最順利的。那麼臨終時內心難免惶恐，倘若此時可以跟隨，對生死的界面轉換將很有助益。

「因為尋得我的，就尋得生命，也必蒙耶和華的恩惠。」（《箴言》8:35）

這裡所提的生命是永恆的生命，是尋回靈性的生命，而非人世間有血有肉的生命。耶穌所得到的，也是永恆的生命，祂不現身在人世間。所謂道成肉身指的是耶穌曾在人間稍作停留的那一段，祂為世人背負了罪，死在十字架上。有些基督徒以為得了重病，只要靠主得救，絕症也會好起來，因為信靠主就尋得生命。這種說法是不究竟的，不了解經文的真意。

信主才會跟隨主，主不必要在有血有肉的軀體上，永生的生命也不必要在有血有肉的軀體上。跟隨主，最重要的就是學習感恩，有認真的醫師幫我們治療，我們就應該學習感恩，而不是斤斤計較，因為很多醫師、護理師都是天使般的熱心。

有時候醫師治好我們的疾病，解除我們的病痛，我們很高興稱他們為天使。然而，當病情惡化、大限已屆，我們卻懷疑醫師的醫術。這是不對的，太過於現實，以自我為中心，且不體諒他人。

現代人以為有錢、有權就是大爺，在別的商業買賣可能是這樣，但在醫療上若持這種心態，他們就要吃苦了。他們害怕死亡，不惜傷害神所差遣的天使。

「敬畏耶和華就是生命的泉源，可以使人離開死亡的網羅。」（《箴言》14:27）

害怕死亡是人的天性，但也應學習如何面對，並在臨終時接納，以跟隨神，內心充滿靈性，足以對抗死亡的恐懼。

其實很多事證顯示，**臨死前，人體會分泌腦內啡（Endorphine），可以造成意識的欣快感，若再配合靈性的跟隨，更可加強順利進入時空轉換的軌道上。**

蒙主息了勞苦

莊子說，生為徭役，死為休息。以長遠的輪迴生命來看，死亡只是一個Coffee Break

（中場休息），是必須的，而且也不用擔心的過程。

「在主裏面而死的人有福了！」聖靈說：「是的，他們息了自己的勞苦……」（《啟示錄》14:13）

「賞罰在我，要照各人所行的報應他。」（《啟示錄》22:12）

或許做很多善事的人喜歡死後面見主，與主同在，因為他積了很多福德財富在天上，他們是謙卑的、順眼的、喜歡主的，所以不恐懼死亡的到來。

反之，有些人做了壞事、虧心事，自己的良知也知道，於是很怕面對主。因為他們怕最後的審判，主知道他們做的不公義的事，於是害怕得到報應，也害怕死後墮入地獄。

所以說，與其亡羊補牢，倒不如早日悔改，做個正人君子，有正信，走正道，多布施，做主所喜歡的事。不是為了主做，也為自己做。

「因我活著就是基督，我死了就有益處。」（《腓立比書》1:21）

活著的時候以基督的心為心，所做的事是公義的，一切憑藉良心做事，就如同學習基督的典範在做事，這樣才是真正的基督徒。而不是光說不練，嘴巴說得很堂皇，但所做的卻是爭名、求利、驕傲、自大、欺騙、斂財，那麼他們活著時並不是基督的心，死了就有所報應，豈能得到益處？

為何說死了得益處呢？這可以分兩個層面來看：其一，因為活著時以基督的心為心，行善、助人、布施，內心已經充滿了喜悅。未死亡即已經感恩、滿足，俟他們死後，必站在主的旁邊，得享天上榮耀；就像羔羊一樣，是在天上坐大位子的（羔羊是犧牲奉獻的象徵）。

其次，雖然清苦過日子，但也完全遵循主的道來行，不曾抱怨命運的坎坷；也能做禮拜，感謝讚美主所賜的飲食與生命，平時也是很好的基督徒。死後他們蒙主息了他們的勞苦，更知道辛苦的人生只是主考驗他們的一部分，他們的靈性往更上一層，安住、知足、感恩、惜福，所以也是得著益處。

人活著是學習，死了則在最後的審判裡聽主聆訓，更可進一步看清楚自己從前所作所為是不是對的、公義的，所以將學習更多，這就是真的益處。

所以，第六件禮物「跟隨」，是很重要的。其實要做到並不困難，端看有沒有心，有沒有認識到真主。對佛教徒而言也是不困難的，頗瓦法的精神以及上師相應法也具有同樣殊勝的功效。

臺灣有許多平日參加助念團的佛教團體，在親朋好友臨終時幫忙助念，提供很好的臨終跟隨的環境，就好像許多人陪著病人一同走一段般。

有位七十九歲的老嫗，年老時兒孫滿堂，常參加助念團，並修行正信的佛教——淨土宗。臨終前四、五天還到公園散步，做外丹功，當時她已是肝癌復發，正接受著長效嗎啡的疼痛控制，同時又罹患兩條血管阻塞狹窄的冠狀動脈疾病，肝癌有做過四個月的腫瘤血管栓塞治療，心臟病有八、九年之久。

臨終那天早上，她心臟病發作，胸口疼痛，呼吸困難，而肝癌處也疼痛。家族成員開會決定，而且諮商過病患，同意不送往醫院急救。於是大家開始布置安排，誦經不斷。當天晚上，病患在誦念阿彌陀佛的佛號中過世往生，而病患的表情非常平和，一路跟隨著佛，就像平時她為人助念一樣，只不過這回自己變成了主角。

我覺得這是一個很感動人的例子，這需要智慧來當機立斷。或許當時若將她送往醫院，仍可以急救再多活個一到兩個月，也或許急救忙了半天，身上插滿了管子，卻只活不過兩星期，換來慌張、痛苦難捱的日子。

這位老嫗當時也曾經遲疑該不該到醫院去，後來覺得日子所剩無幾，碰巧合併心臟病發作，可能是心肌梗塞，然而這樣走也是她所期待的，比較好死的一種方法。這故事的主角正是我的岳母大人。

很多病患希望死前不要拖累家人，最好眼睛一閉起來就走了。我覺得能看得開、想得開就好，人生要如何步下舞臺，會得什麼病來辭世、會是在什麼時候，這些都無法事先知道。所以不用呼天搶地、怨天尤人，如此只會遭受身、口、意的業報，何況於事無補，又何苦來哉？

跟隨並不是件很難的事情，只要有心、有誠意，所謂心誠則靈。**靈修或臨終修習並不難，只要放掉我們的分別心、驕傲心，自我為中心的自私、心裡的貧窮、傲慢的態度，一切都會水到渠成，柳暗花明又一村。**

人生的際遇與生命的奇妙，對某些人來說是一堆的問號又接了許多的驚嘆號，不只是世界很奇妙，生命也很奇妙。尋找我，必得生命，正是中國人所謂的天無絕人之路。以《楞嚴經》〈大勢至菩薩念佛圓通章〉來講，眾生臨終時憶佛念佛，佛必現前相見，以念佛心，入無生忍。

又，《佛說阿彌陀經》亦言：「若有善男子善女人，聞說阿彌陀佛，執持名號。若一日、若二日、若三日、若四日、若五日、若六日、若七日，一心不亂，其人臨命終時，阿彌陀佛與諸聖眾，現在其前。是人終時，心不顛倒，即得往生阿彌陀佛極樂國土。」

第七件禮物：放下

放下一切塵勞，這是一種被動的跟隨。

記得第一件寶物是不羨慕別人，任何事有得也有失，而且得失必在假象中打轉。不勞而獲更不是件甜美的事，所以到最後什麼都帶不走時，擁有愈多塵世財物名利的人，他們需要放下的愈多，愈是困難而不容易做到。平時淡泊名利的人，他們知足常樂，少私寡欲，所以要放下他們的所有是比較容易的。對於財主而言，只要有心，下定決心也就當下解脫了。

天國裡誰最大？

「你們若不回轉，變成小孩子的樣式，斷不得進天國。所以，凡自己謙卑像這小孩子的，他在天國裏就是最大的……」（《馬太福音》18:3-4）

我們知道，**耶穌基督喜歡順服的、謙卑的人，喜歡像小孩子一般赤子之心又純樸的人。**

有少年財主請問耶穌，如何才能進入天國得到永生，耶穌回答他，你若要進入永生，就當遵守誡命。耶穌說：「你若願意作完全人，可去變賣你所有的，分給窮人，就必有財寶在天上；你還要來跟從我。」那少年人聽見這話，就憂憂愁愁地走了，因為他的產業很多。耶穌對門徒說：「我實在告訴你們，財主進天國是難的。我又告訴你們，駱駝穿過針的眼，比財主進神的國還容易呢！」（《馬太福音》19:21-24）

可見平時應學習看得開，臨終時還須放得下。放下並不是真的空空的了，放下是真空妙有。若使老師放下錢財，老師的腦子仍有許多學問；若使智者放下學問，他仍有靈性的智慧與神相通。

對佛教徒而言，**法性一切具足，放下恐懼和無明才能明心見性。最大的財寶莫過於**

有智慧；真正的智慧必通往靈性及最終的神性。

放下塵勞雖難也不難，這是減法哲學，就是回復自己清明的本心——赤子之心。我們應常常回想我們孩提時的模樣，看看自己小時候的照片，看看公園裡可愛的孩童，看看寵物店裡初生不久的小狗，就是這麼可愛——我們曾經都那麼可愛，不是嗎？

放下塵勞並不難，每個人都做得到。

這裡有七件寶物，臨終前選擇七件寶物的任何一件都可以解開生死關的痛苦，若同時可以多拿幾樣寶物一起做，親屬朋友也鼓勵、陪伴一起做，那麼大家都有福，也都得救了。

第十二章

思·考·真·理

怎樣是活著？什麼是幸福？

思考真理——

怎樣是活著？什麼是幸福？

自工業革命實證主義（Positivism）從孔德（Auguste Comte）及涂爾幹（Émile Durkheim）所提倡的科學及醫學以來，宗教已被揚棄。一切付諸實驗與合理的形式，名詞很多，講法也很多。

接著另一派人士，如：斯賓塞（Herbert Spencer）的實在論，進而機械論，把道德與良知加以束縛規範，以免礙手礙腳，因為「神是不可知的」。實用主義者更認為創造實質的物質生活享受，遠比追求不可知的宗教或心靈來得重要。難怪二十世紀到二十一世紀，物質生活大大地改善，壽命延長了近一倍（男性自四十五歲到七十八歲），但功利思想卻充斥社會。

生命的過程更重於存有。活在世間是為完成任務而來，死亡只是肉體的休息。

怎樣是活著？什麼是幸福？

君不見都市人口大於鄉村，而都市人忙碌、沒有感情，因為時間是金錢，知識是力量，而年輕是本錢。老的、善良的、單獨的、隱居的，都在所謂的競爭力、執行力下被淘汰出局。每間公司都講求提高競爭力，加強執行力，最終目標是增加營收，把人類的體能、精力衝到極限，就像開車猛踩油門一樣。這還不夠，還要上卡內基訓練課程。

但，這樣叫幸福嗎？

汽車不能像出租汽車一樣過度使用，人也一樣，怕過勞死。許多倒閉的公司，原本體質不錯，因為信用擴張過度，錯估景氣，跨行跨國投資，以致失敗，國家經濟因此泡沫化。我不知道經濟學家的基礎理論對於人性本質的變數如何去估算，人性的貪婪

與道德良心是否是不可能平衡的。

有一種交易的經濟學理論：每位買主都想搶更好的商品，因而大家無法妥協，然而當最好的不存在時，其餘的大家看法各異，所以可以坐下來協商，各取所需。現今社會的奇怪現象是，行為完全同聖人一般的人，將被架高，束之高閣，免得落在凡間，大家看多了反而很不自在。

所以現今社會看不到什麼聖人，美國心理學之父威廉・詹姆士（William James）更認為，世界沒有不變的真理，也無須去談論真理，活著就應好好地生活，好好享受；有用的是善，沒有用的是惡，就是這麼簡單，生活注重它的實用性就可以了。

現實生活就是生存法則、利益導向，至於政治，就是西瓜偎大邊，日本人稱為「風見雞」，臺灣稱為「政治大風吹」。所以臨終的哲學、人生的哲學幾乎沒有人想聽，學校開了課，認真聽講的實在寥寥無幾。

我們遠離真理，走進小路，想重回大道就變得愈來愈困難，愈走愈陌生。

思考真理

想想看，真理是什麼？許多現代人認為真理就是活著，但是存在主義者會問你：用什麼方式活著？上帝已死？人類應依循什麼而活？

我們可以簡單地思考幾個問題。柏格森（Henri Bergson）說：「生命的過程更重於存有。」（There is more in becoming than in being.）存有本身比較不重要，生命的過程就是如何去活著才重要。很多人也認同應活在當下，活得精采，知道如何死才知道如何活著。就如同知道在白天享受工作的樂趣，才會了解夜晚放鬆的必要性。柏和的月光，不正是騷人墨客的最愛，聲光與旋律的派對也是緊張生活的調和。

我們可以很簡單地想像宇宙循環的道理，日夜交替、春夏秋冬的輪替、萬物永存。帕梅尼德斯（Parmenides）說：「自然的變遷只是感官而已，宇宙不曾改變什麼。」

・順天行事合乎真常之道，就是宇宙運行的大道

《道德經》第十六章說：「致虛極，守靜篤。萬物並作，吾以觀復。夫物芸芸，各

復歸其根。歸根曰靜，是謂復命，復命曰常，知常曰明。……天乃道，道乃久，沒身不殆。」

萬物的生長、孕育、死亡，我們從觀察有形的到無形的物體，這些生生死死的過程，不難發現周而復始、循環不息的奧妙。回復到自己真我的生命才能作「靜」，才能體驗什麼是靈性不滅，所以順天行事才合乎真常之道。

真常之道就是宇宙運行的大道，萬物之本源也在於本體之道。《淮南子》說：「天下為我所有，我亦為天下所有。」這個天下就是道，也就是我們所在的宇宙。

宋明理學的大師陸九淵也曾說：「吾心即宇宙，宇宙即吾心。」我存在宇宙之中，宇宙為我所用，耳得之而為聲，目遇之而成色，取之不盡，用之不竭，我們可以是很富足的。

我為宇宙的一部分，我的貢獻及發明也是屬於宇宙的人文資產，我也是為宇宙所用。這不也是回應了王陽明的學說：「心物一體，心無體，以天地萬物感應之是非為體，天地與我同體」，這種心無外物、心外無物的理學思想，驗證了萬物永存的哲理。

找尋真理其實不難，就是尋求永恆的智慧。真正的智慧不是長篇大論，而是非常簡單、唾手可得的想法，那就是「寧靜的快樂」。

死亡是安息，能在主的懷抱安息，能夠放下塵勞而安息，那裡有寧靜。

・把生命放入無限的時間、空間去體驗，我們就可以逍遙自在了

當人們捨得一切的時候，寧靜的快樂便油然而生。因為人們心中有屬人性的欲望及屬靈性的真理，欲望與天理雜合就是人，而神只有天理沒有欲望。所以我們寧靜的時候，會去除所有欲望，所謂去人欲，存天理，那麼我們當下就得到永恆的智慧。其實這就是斯賓諾莎的自然神論。

莊子曾經以麗姬的哭泣作一個寓言，讓我們省思生與死孰樂。中國的春秋時代艾封人的女兒麗姬嫁給晉獻公的時候，麗姬傷心地把衣服都哭到濕透了。後來到了晉國的王宮，睡在柔軟的床上，吃著山珍海味，才知道自己在出嫁時哭泣有多麼愚蠢。

莊子說人都怕死，但誰知道死了以後會不會後悔為何要繼續生？這不是和麗姬的出嫁是一樣的嗎？

莊子認為不要從死亡畫出生存，這樣才能超越束縛而得到自由。人所爭的都是相對

的標準，在有限與束縛之下比較。若我們把生命放入無限的時間與空間去體驗，不要從過去與未來畫出現在，那麼我們就可以逍遙自在了。

可是大部分的人很短視，只看眼前的，所謂好漢不吃眼前虧，沒有放眼未來的氣度與胸襟，所以到處你爭我奪。懷抱這種淺短思想的人幾乎是害怕死亡的，他們想要看得開是非常困難的。

很多病人暫離醫師而去，也是類似的心態，他們要求馬上見效，腫瘤保證消失，所以一再轉院治療，由南到北，由北到南，他們要的不只是第二意見，而是希望能得到保證。

有時候這些病患還未來得及與主治醫師充分溝通就爽約未到，影印一堆報告、數據到各家醫院拜訪。人們常說要貨比三家，為何一定要聽信第一家的。當然這裡面難免會重複做高科技的檢查，這麼做其實是不值得鼓勵的。有些病人要求自費做高科技檢查，事後又向健保局求償，並檢舉醫院收自付額，這樣做對嗎？

啟蒙運動時，法國的伏爾泰有一句名言：「相信靈魂不朽是理性問題，不是信仰。」我們在臨終之前有沒有這個理性來相信靈魂不朽，因而得到寧靜的快樂呢？

‧生之悲

人活著有許多快樂也有許多苦惱，自呱呱墜地以來，人類的成長過程比其他動物長很多，學習一技之長的功夫也須經年累月的磨練，功課很多且並不輕鬆。

許多思想家思考：有沒有一套哲學或理論，可以說明人生的真實面，並指引生存的法則？

然則人生有許多階段，成長的青年期與衰退的老人期不一樣；苦難的朝代，兵荒馬亂與太平盛世的人生也不一樣；生病的人生也不一樣；二、三十歲的青年人與八、九十歲的老年人，他們對人生的態度可能相差很多。在秦始皇的暴政下，許多築萬里長城又受重傷的年輕人，或許死亡對他們而言倒是一種解脫。

人類愈長壽，這些考驗也愈多，有些人學到很多人生智慧，有些人卻愈來愈退步。

《莊子．內篇．大宗師》說：「夫大塊載我以形，勞我以生，佚我以老，息我以死。」所以人類活著，從年輕到老年，一直都有延續不斷的功課。從這個角度來看，生存本身有喜也有悲。這個「悲」可以提醒我們，什麼事都該惜緣、惜福，不是什麼事情都是理所當然的。

・快樂時少，苦中作樂時多

從另一種角度來看，人在世上是為了扮演他在群體——也就是人類社會——的角色，貢獻他的能力，直至功成身退。生命也會退下舞臺。

雄蜂與工蜂的角色不一樣，雌蜂有很多，但只有一隻變為女王蜂。雄蜂是為交配繁殖而存活，所以也不用工作，但是一旦女王蜂選用一隻雄蜂交配，所有的雄蜂都將被驅逐出境，離開蜂巢後因覓食技巧退化，幾乎都餓死。

這是蜜蜂的遊戲規則，也是大地的自然法則。生之悲是一種必然性。

斯賓諾莎認為，人生下來是被決定的，命運不是偶然的，一切事物都隨著神的永恆命令而行。

存在主義認為，生存是命定的，但本質是自由的。然而自由的本質卻又跳脫不開人性的枷鎖，必須從荒謬之中尋找眾人的幸福，創造快樂。或稱之為在世存有（Bring together）。

我個人以為，人生真正快樂的時間少，苦中作樂的時間多。人要活著生存下去，就必須適度付出勞力，天下沒有白吃的午餐，也永遠沒有不勞而獲的事，我們應該要高與地工作，喜歡自己的工作，並做好自己的角色。奮鬥的本質也是苦中作樂的。

萬事皆屬虛空，無論有多大的成就也不應該驕傲，成功與自信只為了要尋找更高的智慧，幫助更多的人。

生存與死亡也是一種共相的狀態，死亡其實潛伏在生存的每一分鐘。而人體的細胞也依這個法則不斷新陳代謝。

每個細胞在分化完成後，即依DNA程式進行計畫性的細胞凋亡（Apoptosis），這樣才是正常的。若細胞不進入凋亡程序，就會展開腫瘤細胞的不正常增生。毛髮、口腔內皮細胞、腸胃道細胞、精蟲、卵子等的凋亡，皆依一定的週期進行。

我們能觀察各種生物、各種細胞，同樣地也可以宏觀人的一生。

生之悲也蘊含死之必然性。死是欲望的結束，沒有欲望就沒有死亡存在。存在只是思想中的當下而已，心存大愛得到恆久存在，就沒有死的感覺。

・世界只是意志與表象

「凡事都是虛空。」（《傳道書》1:2）

生生不息，且生死相續，萬事萬物也都脫不了虛空的本質。因為萬事萬物也是被安排的表象或假象，一切成就終歸由燦爛回歸平淡，所以無論有多大的成就也不應該驕傲。成功與自信只為了要尋找更高的智慧，幫助更多的人，學習懂得感恩與惜福，珍惜愛，保守善緣。

斯賓諾莎認為一切日常發生的事，那是虛無幻影。老子在《道德經》中提到爭之無益，「曲則全，枉則直」，又何必爭呢？許多君王的子孫都死得很慘，法王路易十四設置斷頭臺殺人，自己卻被殺死，而他的皇后則被巴黎市民送上斷頭臺。

成功本身也是一種虛空，但不代表我們不能追求成功。我們應合理、適度地追求成功，並隨時回饋社會；不能太驕傲，反而要更謙卑、節儉，珍惜得來不易的幸福。

十九世紀德國著名哲學家叔本華認為，努力奮鬥與競爭毫無價值，欲望難以填滿，成功毫無意義。叔本華將生命的本質做了很透澈的觀照，或許他的說法讓正在奮鬥求生存的人難以苟同，但我們不得不佩服他看清世界只是意志與表象。**看得清表象，才不至於沉迷於追逐物質享受，而忘了保守清明的心靈。**

中國人一向自認為中庸最好，福禍相倚，禍常常隱藏於福，所謂樂極生悲。許多人在人世的順境時，將許多事情視為理所當然，殊不知逆境的享受也是一種福報。福報有用盡之日，甘盡苦亦來，物極則必反。

所以中國人很拘謹，凡事謹慎小心。過猶不及，豈能不慎。平時即應多積陰德，祖上有德尚可餘蔭子孫。

・不刻意追求快樂，恬靜的、智慧的喜悅自然流出

經濟景氣有盛衰的循環，家族的興旺也是一樣的，所以《傳道書》說，多子多壽也屬虛空。這種長遠、有智慧的看法，其實是深知宇宙平衡循環的法則。古希臘的犬儒學派就提出忠告，他們認為快樂與痛苦必有某種程度的關聯，也是一種西式禍福相倚的看法。

亞里斯多德說得最有智慧：**哲人不追求快樂，只求解脫憂愁和痛苦。**

這與叔本華的思想甚有異曲同工之妙：**快樂不長存，而追求快樂更暗藏許多煩惱與痛苦。我們不刻意去追求快樂，恬靜的、智慧的喜悅自然流出，雖缺乏激情，但卻是真實的。**

何況許多人將自己的快樂建築在別人的痛苦上，這些都是虛假、虛空的，都像影子一樣，一溜煙就幻滅了。所以法國人說更善乃是善的敵人。

佛教的四法印向我們印證：「諸行無常，諸漏皆苦，諸法無我，涅槃寂靜」，無常即是來去不定、時有時無、飄忽無蹤，誰能參透天機知人的命運呢？何況有時命運也會因個人的修為而有所轉化。求生存本來就是苦差事，誰不喜歡成仙、成神呢？何況工業社會競爭愈來愈厲害、愈來愈現實。

〈飲馬長城窟行〉云：「入門各自媚，誰肯相為言。」每個人都在保衛自己的DNA，這是動物自私的本能，沒有生物想被叢林法則淘汰掉，誰不知道各個生存環境裡都是危機四伏。假我不長存，世界只是個意志與表象（叔本華），真我亦隨著宇宙法則流轉，那裡能找到純然自由的意志。

法依宇宙而行，非獨我所有，生命的本質就是如此。哭天搶地的留戀也是一種傻，那是從人類的角度來看這個世界，所得到不如意的感傷。

其實人類只是地球的過客，許多物種比人類更強韌，存活於地球的歷史比人類多十幾萬倍。有些生物有十億年歷史，人類尚不到一萬年，哺乳類動物也不過是地球的幼稚園學生，我們實在不能妄自尊大、目空一切。

人類的歷史只是個幼稚園學生，很聰明，也很愛發問，卻不喜歡自己找答案。大部分的人是以感性在引導生活，用感覺而不喜歡思考，許多親人在面對噩耗或災難臨頭時常常會不捨，這是人之常情，無可厚非，然而有時必須利用理性思維來當機立斷。

高平陵之變中，曹爽將被免去大將軍之時，其實是他自己讓出來的。他未曾思索司馬懿深潛之城府，三國時代末年便與司馬懿談下臺的條件，還不捨他的嬌妻、美妾、金銀財寶。當然曹爽交出大將軍印璽之隔日，遭滿門抄斬，這是曹爽不捨的悲慘後果，看不清時勢，當然會怨了。

很多平常百姓也有類似的情況。即使已病重、無藥可醫了，他們還是不捨——想想億萬家產、豪門權勢，怎捨得離開人世間？再想想其他相親相愛的家人，面臨天人永隔，鶼鰈情深，也是不捨。君不見袁枚的〈祭妹文〉、韓愈的〈祭十二郎文〉，都透露著：地下若有知，能知活著的人相思之苦嗎？若我想你，你在地下不知；你念我，我在人間不知，這天人永隔豈不哀哉……

從芸芸眾生到帝王將相們，面臨死亡時，有多少的不甘不願哪！這些不都是貪、嗔、痴嗎？難道是眾人的共同心聲，共同的情緒發洩，以抗議老天爺的不公平嗎？但老天爺是公義的，一切都有潛在的因果報應，抗議是完全沒有用的。

・死本身不可怕

印度的大覺者克里希那穆提開示人們，求長生不老者終將統統失敗，因為害怕失去、怕孤獨、怕寂寞都是妄念，就連害怕回憶的痛苦也是妄念。

但**怕死是生物的本能、人類的天性。一般人平常理直氣壯，然而對生死若不能透澈觀照，那麼他們終究被死亡的神祕性將德性癱瘓掉**（參見《死亡癱瘓一切的知識》）。不見棺材不掉淚，不到黃河心不死，撐到最後一刻，終究變軟弱了，一些作姦犯科的人說不定更怕死刑。

我們不應該避談死亡，孔子雖說過：「未知生，焉知死。」後人更說子不語怪力亂神，其實從《中庸》可以知道，孔子很清楚鬼神之存在，只不過他的倫理學無法接觸到這個層面。孔子對生死觀的研究不多，這方面不能當我們的老師；他可以是入世的導師，卻不是可以談出世觀的對象。不過孔子晚年改變不少，尤其受老子的影響很多，更獨自鑽研《易經》。

死是生的另一面界面，沒有什麼不能談的，也不應害怕。怕死只不過是接觸未知境界的一種恐懼本能，所以**死本身不可怕，而是死亡過程中，肉體的痛苦、親情的隔**

離、錯誤認知的恐懼、害怕做錯事和被報應的悔恨，交織而出的複雜心理。

有生才有死，生後必然死；知生也知死，知死方能生。死路如絕境，絕處才逢生；生死本無分，時空分生死。死亡是重生必經之過程，就像蛹化生為蝴蝶一樣。其實人生是歡樂與憂傷參半的，有喜也有悲，然而我們必須知道我們是社會中的一分子，人類若沒有族群，沒有分工合作是不可能成為地球的主宰者。一個人的力量是很渺小的，所以我們應盡自己的本分，扮演好自己的角色，活出理想並完成天命，所以生存本身亦有其責任。

・不應從死亡畫出生存，才能超越束縛而得自由

不論生或死，在任何位置上、任何時間、任何角色都有其責任，或人生階段性的任務。所以我們不應從死亡畫出生存，這樣才能超越束縛而得到自由。克里希那穆提在他的著作《般若之旅》就此點提出很好的說明。

「凡有血氣的，盡都如草；他的美榮都像地上的花。草必枯乾，花必凋謝；惟

有主的道是永存的。」（《彼得前書》1:24-25）

主的道是永存的，我們可以藉上帝的道重生。雖是草、是花，也會在它的生命裡綻放清香與美麗，惟有不計較，努力扮演好自己的角色，方能感受生命的甘甜，才知道生命本身也是一種恩賜，更何況是有許多才華的人。

人應該懷抱理想，活在人世間是天命，為完成各種任務而來。諸葛亮的〈出師表〉，「鞠躬盡瘁，死而後已」；文天祥的「養天地正氣，法古今完人」；岳飛的滿江紅與精忠報國……在在說明生的責任，做人的高風亮節。

生是為了增進全體人類的幸福而奮鬥，而死重於泰山，輕於鴻毛。人的生死自有定數，也就是死亦有時，人不會隨便輕生，隨意死；而生亦有時，由因緣而生。

真正的道理是生不足慮，死不足惜。難怪《論語》中說：「老而不死，是為賊。」人老了，就應戒之在得，順應自然而不強求。

活著就以基督的心為心。「既有人的樣子，就自己卑微，存心順服，以至於死，且死在十字架上。」（《腓立比書》2:8）這樣，我們完成了生的責任，也尋得神，得到生命，必蒙耶和華的恩惠。

討厭生命的人就像討厭自己的影子，當下放下煩惱在樹下休息，不就沒有影子了嗎？又何必到處跑？

我們知道生死相續的道理後，仍然會擔心，不知道這個世界會如何看待我們，也很怕被貼上異類的標籤，很擔心與眾不同。其實，看得開只是內心的修行，朋友反而會更喜歡你如此達觀的態度。做得到天人合一，有能捨下世俗的價值觀是很不容易的。

然而，人為的知識、道德、法制都是違反自然的，很多都是如此。討厭生死相續的人，也就是討厭生命。莊子說，討厭生命的人就像討厭自己的影子，當下放下煩惱在樹下休息，不就沒有影子了嗎？又何必到處跑呢？「巧者勞而智者憂，無能者無所求，飽食而敖遊，汎若不繫之舟，虛而敖遊者也。」想想看，聰明巧妙，若不明心見性，往往帶來累贅。

莊子的〈齊物論〉中提到坐忘、心齋、黜聰明、墮肢體、道通為一。我們知道吾心即宇宙，宇宙即吾心，心無外物，心外無物，這才是天人合一的宇宙觀、人生觀。但一般人往往落入「我執」的假象與謬誤中，莊子稱之為：「魚相忘乎江湖，人相忘乎道術。」

有條魚從河裡游到河海交接處，想借問旁邊的大魚，海在哪裡。大魚笑之，你已經在海裡，你本身就涵蓋海的一部分，你也是屬於大海中的。海的水亦由江流奔而來。人也像這條魚一樣，迷失於人所自創的道術之中，為逃避死亡反而落入死亡之胡同中。

老子《道德經》第七章云：「外其身而身存。」就如同莊子的坐忘和心齋一樣。死亡其實是進入時光隧道中虛無世界的必經之路，一切應順應自然的變化，這樣才能出生入死，自由而逍遙。莊子稱之為外死生，無始終，生命無所謂長短，但追求有生命之無次序罷了。

我們懂了老莊哲學天人合一的理論，再回頭看《聖經》，就不難了解某些經文的真意。

「因為我來是叫人與父親生疏，女兒與母親生疏，媳婦與婆婆生疏。人的仇敵就是自己家裏的人。愛父母過於愛我的，不配作我的門徒；愛兒女過於愛我的，不配作我的門徒；不背著他的十字架跟從我的，也不配作我的門徒。得著生命

的，將要失喪生命；為我失喪生命的，將要得著生命。」（《馬太福音》10:35-39）

這是耶穌的比喻，要我們捨棄一般不究竟的知見，否則在前的將要在後，在後的將要在前。

我們斷不可忘記《創世紀》的名言：「生命的盡頭是生命樹，死亡的盡頭是知識樹。」生命的本質就是要順應自然的變化，既已出生入死，就也可以捨離親情而與主的道一起，正呼應了老子的外其身而身存。

第十三章

不·再·迷·航

紀念一位前骨髓性白血病患

不再迷航——紀念一位前骨髓性白血病患

夜航

夕陽拋下最後的光芒
塵囂漸漸行遠
雖已寧靜為何孤寂
仍在心頭盤踞
帆已張開在黑夜的海上
波濤看不清我的方向

星辰在蒼穹下排列
我的心在那裡呼喚
偶有忽明忽暗的船火
他不是我的希望
微風吹散一頁頁的回憶
回首不在星空中迷航

回憶那年一位五十多歲中年婦女得到急性前骨髓性血瘤ＡＰＭＬ，經過維甲酸治療得到完全緩降，在她存活的五、六年中復發兩次，但都順利達成完全緩解。其中有一年時間在治療一種特殊的血液及皮膚的結核菌感染，也算得到成功的控制。然而後來因化學藥物Daunorubicin的副作用，造成心肌病變合併心臟衰竭，在一次急性肺水腫的併發症中過世。

過世前，她幾乎不想理會她先生（後來先生中風）及女兒，也不理睬照顧她的護理師。後來轉到加護病房，她也變得不理我，只是睜開眼睛望一望。我知道她去意已堅，她感知到大限的來臨，她的主治醫師只是一盞夜航中忽明忽暗的船火。她累了，她想休息，想安息，她知道了自己的方向，我猜她已做好了準備。

在五、六年的歲月裡，每次我去查房，她無論有多麼不舒服，一定馬上爬起來，坐在床頭好讓我檢查跟談話。就像老師進教室，班長喊起立一樣，我知道那是一種尊敬，她一向很信賴我。有時候查房，有些病人仍看著電視，若無其事，吃東西、講話，家屬在躺椅中睡覺，斜著身子聽醫師解釋病情，或採兩手插在褲管上的冷漠姿勢，讓我好懷念這些這麼乖的病人。比較之下，她多麼尊重醫師，然而我卻仍舊救不了她的生命。

她走了！為何她三次得到緩解，沒有血癌細胞的肆虐，卻走了？為何讓她一再復發，而不在第一次帶走她？若要她完全緩解，為何最後又要帶走她？而走的原因不是血癌復發，是心臟衰竭及心肌病變……

我知道，我最後才知道，這是冥冥之中的安排。她應該也知道那是她的命數，所以很安詳，很恬靜，她不想理我，不想再勾起任何回憶。

當時的我，是失落的，為了記憶她寫下這首〈夜航〉。幾年後，在一次從花東海岸回臺北的路途，感受到黃昏海邊的夜景，我想起這首〈夜航〉是在她過世後第三天作的，詞曲都填好，我想她聽到了。

我們一生都在學習，所謂活到老，學到老。就連病人大限已到，在臨終之時，也有許多功課要學習。

學習必須是平常心、無罣礙的心；學習的最高境界是放空一切，因為什麼都帶不走。什麼都不用懷疑，因為眼睛看見的都將如夢幻泡影。什麼都不用擔心，因為一切都已安排。沒有什麼好不甘願的，因為一切情緣都是因果。不用感傷，有緣還會相聚；不用留戀，前面的路將有驚喜，只要我們惜福感恩。

附錄

一首長詩：瞬間人生

深夜是時間的起點
多少的夜晚
我在窗前獨坐
冥想塵世外的世界
月光已不再皎潔如昔
感覺被牢牢套住
內心的掙扎
仍在思潮中起落

深夜是寂靜的星空
多少個生日
我在窗前沉思
自憐歲月的匆匆

一股永遠塡不滿的
空虛沉潛

星辰在月河邊閃爍
多少個期待
隨著時光的流逝落空
大地依然沉默
時間隨風而逝
爲何回憶仍在
思潮中翻攪

日出日落潮起潮退
時間不曾出現也未流逝
擁有的已逐漸消褪
逝去的卻不斷湧出
自憐都是過去的回憶
光陰似箭射向
無明[1]的虛空與欲望
死亡卻在盡頭等待

長河東流
沖刷歲月
停不住山河流逝
喚不回英雄豪傑
朝代更替周而復始
人生長短何足惜
片段的剎那隨呼吸而過
人生就是這麼長

長夜漫漫
在當下靜止沒有了回憶
空了欲望，痛苦也去了
破曉蠢蠢欲白
心念定如磐石
自性[2]的光芒
遍照時空的長河
瞬間的靈動
投射永恆的光輝

1 不正確的認識與煩惱，非正見，佛語。

2 自己的本來心性。

「安寧條例」與「病主法」相關資訊與文件

	安寧緩和醫療條例	病人自主權利法
簽署文件	預立安寧緩和醫療暨維生醫療抉擇意願書	預立醫療決定書
適用對象	末期病人	末期病人；不可逆轉之昏迷；永久植物人；極重度失智；其他經中央主管機關公告之重症
拒絕範圍	可拒絕心肺復甦術（CPR）、維生醫療；接受或拒絕安寧緩和醫療。	可拒絕維生醫療、人工營養及流體餵養（點滴、鼻胃管、胃造口）。緩和醫療在此法為必要提供。
程序	意願人簽署「意願書」後即生效。當病人失去意識時，可由最近親屬簽具「同意書」。	參加「預立醫療照護諮商」。簽署「預立醫療決定書」，並註記至健保卡。可指定醫療委任代理人。
資源連結	1 預立安寧緩和醫療暨維生醫療抉擇意願書 https://reurl.cc/rRdDk1 2 預立醫療決定書 https://reurl.cc/3YromV 3 全國安寧資源地圖 https://www.hospice.org.tw/resource	

資料參考來源：臺北市立聯合醫院、臺灣安寧照顧協會、臺灣安寧照顧基金會

國家圖書館預行編目資料

許自己一個尊嚴的安寧/張明志著. -- 初版. --
臺北市 : 寶瓶文化事業股份有限公司, 2022.08
面 ; 公分. -- (Restart ; 23)
ISBN 978-986-406-306-2(平裝)
1.CST: 生死學 2.CST: 生命教育

191.9 111009456

Restart 023

許自己一個尊嚴的安寧

作者/張明志

發行人/張寶琴
社長兼總編輯/朱亞君
副總編輯/張純玲
資深編輯/丁慧瑋
編輯/林婕伃
美術主編/林慧雯
校對/林婕伃・劉素芬・陳佩伶・張明志
營銷部主任/林歆婕 業務專員/林裕翔 企劃專員/李祉萱
財務/莊玉萍
出版者/寶瓶文化事業股份有限公司
地址/台北市110信義區基隆路一段180號8樓
電話/(02)27494988 傳真/(02)27495072
郵政劃撥/19446403 寶瓶文化事業股份有限公司
印刷廠/世和印製企業有限公司
總經銷/大和書報圖書股份有限公司 電話/(02)89902588
地址/新北市新莊區五工五路2號 傳真/(02)22997900
E-mail/aquarius@udngroup.com

法律顧問/理律法律事務所陳長文律師、蔣大中律師
如有破損或裝訂錯誤,請寄回本公司更換
著作完成日期/二〇二二年
初版一刷⁺日期/二〇二二年八月四日
ISBN/978-986-406-306-2
定價/三六〇元

AQUARIUS 寶瓶 文化事業

愛書人卡

感謝您熱心的為我們填寫，
對您的意見，我們會認真的加以參考，
希望寶瓶文化推出的每一本書，都能得到您的肯定與永遠的支持。

系列：Restart 023　書名：許自己一個尊嚴的安寧

1. 姓名：__________________　性別：□男　□女

2. 生日：______年______月______日

3. 教育程度：□大學以上　□大學　□專科　□高中、高職　□高中職以下

4. 職業：________________

5. 聯絡地址：____

 聯絡電話：__________________　手機：__________________

6. E-mail信箱：____________________________________

 □同意　□不同意　免費獲得寶瓶文化叢書訊息

7. 購買日期：_____ 年 _____ 月 _____日

8. 您得知本書的管道：□報紙／雜誌　□電視／電台　□親友介紹　□逛書店　□網路　□傳單／海報　□廣告　□瓶中書電子報 □其他

9. 您在哪裡買到本書：□書店，店名____________　□劃撥　□現場活動　□贈書
 □網路購書，網站名稱：______________　□其他____________

10. 對本書的建議：（請填代號　1. 滿意　2. 尚可　3. 再改進，請提供意見）

 內容：____________________________

 封面：____________________________

 編排：____________________________

 其他：____________________________

 綜合意見：____

11. 希望我們未來出版哪一類的書籍：______________________________________

讓文字與書寫的聲音大鳴大放

寶瓶文化事業股份有限公司

（請沿此虛線剪下）

廣　告　回　函
北區郵政管理局登記
證北台字15345號
免貼郵票

寶瓶文化事業股份有限公司　收

110台北市信義區基隆路一段180號8樓

8F,180 KEELUNG RD.,SEC.1,

TAIPEI.(110)TAIWAN R.O.C.

（請沿虛線對折後寄回，或傳真至02-27495072。謝謝）